一行阿闍梨

高僧傳

偉大天文學家

編撰——釋隆明

【編撰者簡介】

釋隆明

隆明法師，字法勇，廣東省梅縣人，一九八三年出生，俗名蟻仕亮。二〇〇九年於廣西靈山縣觀音寺剃度出家，二〇一二年在浙江奉化雪竇寺授三壇大戒，曾求學廈門南普陀佛學院、北京中國佛學院。

留學日本期間，在京都花園大學得修士學位，現為日本京都龍谷大學大學院文學研究科博士在讀，專業方向為中國華嚴思想研究。就讀期間，在高野山蓮花定院修學密法，並於二〇二二年得金、胎兩界灌頂為阿闍梨。

【「高僧傳」系列編輯序】

令眾生生歡喜者，則令一切如來歡喜

「為佛教，為眾生」六個字，乃是印順法師於臺北市龍江街慧日講堂（後因大門遷移，地址遷至朱崙街）為證嚴法師授予三皈依、並賜法名時的殷殷叮囑：「既然出家了，你要時時刻刻為佛教、為眾生。」

依證嚴法師解釋：「為佛教」是內修清淨行，「為眾生」則要挑起如來家業，走入人群救度眾生。因此法師稟承師訓，一心一志「為佛教還原教義，為眾生點亮心燈」，而開展慈濟眾生的志業。

歷代高僧之「為佛教、為眾生」

證嚴法師開創「靜思法脈，慈濟宗門」，並將其與「為佛教，為眾生」合釋：「靜思法脈」乃「為佛教」，是智慧；「慈濟宗門」即「為眾生」，是大愛。

進而言之，「靜思法脈，慈濟宗門」即菩薩道所強調的「悲智雙運」：「靜思法脈」是「智」，「慈濟宗門」是「悲」；傳承法脈、弘揚宗門就要「悲智雙運」，積極在人間發揮慈、悲、喜、捨四無量心。此亦即慈濟人開展四大志業、八大法印時的根本心要。

由其強調「悲智雙運」可知，「靜思法脈，慈濟宗門」並非標新立異，而是傳承佛陀教法以及漢傳佛教歷代高僧的教誨——包括身教與言教，並要求身心皆徹底踐履。為了讓世人明瞭慈濟宗門之初心與悲願，也讓這些歷代高僧的事蹟與精神更廣為人知，大愛電視臺秉持證嚴法師的信念，於二〇〇三年起陸續製作《鑑真大和尚》與《印順導師傳》動畫電影，將佛教史上高僧大德的動人故事，經由動畫電影的形式，傳遞到全世界。

因為電影的成功，大愛電視臺進一步籌畫更詳盡的電視版〈高僧傳〉——採取臺灣民眾雅俗共賞的歌仔戲形式。〈高僧傳〉的每一部劇本都是經過數個月的資料研讀與整理，縝密思考後才下筆，句句考證、字字斟酌。製作團隊感受到每一位大師皆以身作則、行菩薩道的特質，希望將每位高僧的大願與大行傳遍世界。

然而，不論是動畫或戲劇，恐難完整呈現《高僧傳》中所載之生命歷程，以及諸位高僧與祖師之思想以及對後世之貢獻。因此，慈濟人文志業中心便就〈高僧傳〉歌仔戲所演繹過的高僧，以《高僧傳》及《續高僧傳》之原著為基礎，含括了日、韓等國之佛教史上的知名高僧，編撰「高僧傳」系列叢書。我們不採取坊間已有之小說體形式，而是嚴謹地參照人物評傳的現代寫法，參酌相關之史著及評論，對其事蹟有所探討與省思，並將其社會背景、思想及影響皆納入，雜揉編撰，內容包括高僧的生平、傳承及主要思想或重要經典簡介。從中，我們不僅可以讀到歷代高僧的智慧與悲心，亦可一覽相關的佛教史地、典籍與思想。

在編輯過程中，我們可以看到歷代高僧之「為佛教，為眾生」：鳩摩羅什飽受戰亂、顛沛流離，仍戮力譯經，得令後人傳誦不絕，乃是為利益眾生；玄奘歷萬里之險取得梵本佛經、致力翻譯，其苦心孤詣，是為利益眾生；鑑真六次渡海欲至東瀛傳戒，眼盲亦不悔，是為利益眾生；六祖惠能隱居十五載以避害身之禍，只為弘揚如來心法，並言「佛法在世間，不離世間覺；離世求菩提，猶如覓兔角」，亦是為利益眾生……

這些高僧祖師大可獨善其身、如法修行以得解脫，為何要為法忘身、受諸逆境而不退？究其根本，他們不只是為了參究佛法，而是深知弘揚大乘佛法的目的乃在於大慈大悲地度化眾生、讓眾生能得安樂；若不能讓眾生同霑法益，求法何用？如《大智度論．卷二七》所云：

一切諸佛法中，慈悲為大；若無大慈大悲，便早入涅槃。

由此可知，就大乘精神而言，「為佛教」即應「為眾生」，實為一體之兩面。

「大悲」為「諸佛之祖母」

除了歷代高僧之示現，「為眾生」之菩薩道的實踐，於經教中更是多不勝數、歷歷可證。例如，《無量義經·德行品第一》便說明了菩薩作為眾生之大導師、大船師、大醫王之無量大悲：

無量大悲救苦眾生，是諸眾生真善知識，是諸眾生大良福田，是諸眾生不請之師，是諸眾生安隱樂處、救處、護處、大依止處。處處為眾作大導師，能為生盲而作眼目，聾劓啞者作耳鼻舌；諸根毀缺能令具足，顛狂荒亂作大正念。船師、大船師運載群生渡生死河，置涅槃岸；醫王、大醫王，分別病相曉了藥性，隨病授藥令眾樂服；調御、大調御，無諸放逸行，猶如象馬師，能調無不調；師子勇猛，威伏眾獸，難可沮壞。

如來於《法華經．觀世音菩薩普門品》中宣說，觀世音菩薩更以三十三種

應化身度化眾生：

佛告無盡意菩薩：善男子，若有國土眾生，應以佛身得度者，觀世音菩薩即現佛身而為說法；應以辟支佛身得度者，即現辟支佛身而為說法；應以聲聞身得度者，即現聲聞身而為說法；應以梵王身得度者，即現梵王身而為說法；應以帝釋身得度者，即現帝釋身而為說法……應以天龍、夜叉、乾闥婆、阿修羅、迦樓羅、緊那羅、摩侯羅伽、人非人等身得度者，即皆現之而為說法；應以執金剛神得度者，即現執金剛神而為說法。無盡意，是觀世音菩薩成就如是功德，以種種形遊諸國土，度脫眾生，是故汝等應當一心供養觀世音菩薩。是觀世音菩薩摩訶薩，於怖畏急難之中能施無畏，是故此娑婆世界皆號之為施無畏者。

為何觀世音菩薩要聞聲救苦？因為菩薩總是「人傷我痛、人苦我悲」，恆

以「利他」為念。如《大丈夫論》所云：

菩薩見他苦時，即是菩薩極苦；見他樂時，即是菩薩大樂。以是故，菩薩恆為利他。

正是因為這般順隨眾生、「以種種形」而令其無畏的無量悲心，讓觀世音菩薩受到漢傳佛教乃至於華人民間信仰的共同崇敬。慈濟人之所以超越貧富、超越國界、超越宗教地去關懷與膚慰需要幫助的生命，便是效法觀世音菩薩無量悲心、無量應化的精神。

在《法華經．普賢菩薩勸發品》中發願、將於佛滅後守護及教導受持《法華經》之眾生的普賢菩薩，於《華嚴經．普賢行願品》中則教導善財童子如何供養諸佛，亦揭示了如來、菩薩、眾生的關係：

於諸病苦，為作良醫；於失道者，示其正路；於闇夜中，為作光明；於貧窮者，令得伏藏。菩薩如是平等饒益一切眾生。何以故？菩薩若能隨順眾生，則為隨順供養諸佛；若於眾生，尊重承事，則為尊重承事如來；若令眾生生歡喜者，則令一切如來歡喜。何以故？諸佛如來，以大悲心而為體故。因於眾生，而起大悲；因於大悲，生菩提心；因菩提心，成等正覺。……若諸菩薩，以大悲水饒益眾生，則能成就阿耨多羅三藐三菩提故。是故菩提，屬於眾生；若無眾生，一切菩薩終不能成無上正覺。善男子，汝於此義，應如是解。以於眾生心平等故，則能成就圓滿大悲；以大悲心隨眾生故，則能成就供養如來。

《大智度論．卷二〇》亦云，佛陀強調，大悲心乃是諸佛菩薩之根本，具大悲心方能得般若智慧，亦方能成佛：

大悲，是一切諸佛、菩薩功德之根本，是般若波羅蜜之母，諸佛之祖母。菩薩以大悲心，故得般若波羅蜜；得般若波羅蜜，故得作佛。

「菩薩若能隨順眾生，則為隨順供養諸佛；若於眾生，尊重承事，則為尊重承事如來；若令眾生生歡喜者，則令一切如來歡喜。」閱及此段，不禁令人深深體會證嚴法師之智慧與悲心：慈濟宗門四大、八印之聞聲救苦、無量應化地「為眾生」，也是同時「為佛教」地供養諸佛、令一切如來歡喜啊！

歷代高僧雖未如慈濟宗門般推動慈善、醫療、乃至於環保、國際賑災等志業，乃因其時空因素，欲度化眾生先以弘揚大乘經教與法義為重；現今經教已備，所須的乃是效法菩薩道之力行實踐！慈濟宗門便是上承歷代高僧與經論之教法，推動四大、八印，行菩薩道饒益眾生，以此供養如來。

換言之，歷代高僧之風範、智慧及悲願，為佛教，也為眾生，此即諸佛菩薩之本懷，亦為慈濟宗門之本懷！這便是《高僧傳》系列叢書所欲彰顯者。

遙企歷代高僧儼然身影，我們可以肯定：為眾生，便是為佛教；為佛教，一定要為眾生！

【推薦序】

日出東方，其道大光；凡益之道，與時偕行

——釋明生（廣州光孝寺方丈）

印度密教的中國化，真正形成於唐朝時期，故稱「唐密」，以一行得授金胎兩界灌頂為標誌。

一行從小聰慧，因家學因緣熟讀《周易》、天文等；當時有一位博學、德行高、學問深的知名道士尹崇，就對一行頗為佩服，稱讚一行為「後生顏子」。一行出家之後，在精進佛法修學的同時，也不忘對天文等方面的知識進行學習及深造。在當陽山惠真律師門下參學之時，除了專精毗尼（律藏）之外，對玉泉寺所藏的陰陽星相及曆法之類的書籍無不加以精詳研究，故《宋高僧傳》有

記：「然有陰陽讖緯之書，一皆詳究。」又在當陽三設福、祿、壽三井，作為測量天體的座標點觀察天文，並向三星祈禱，禳解人間災難，令平民百姓增福延壽。可見，一行在天文方面根基深厚，故在得到大日如來方便之力加持後，能依星宿密法，上擒七星、下降諸兵，求雨之事也每每靈驗。

開元年間，一行受詔回到長安，先於開元五年（西元七一七年）得善無畏的胎藏界祕法傳承灌頂，後而於開元八年（西元七二〇年）得金剛智的金剛界密法傳承灌頂；也就是這一年，兩種傳承第一次在華夏土地上得到「金胎不二」的統一，形成唐密的雛形。

一行在跟隨善無畏和金剛智學習密法的同時，也參與了諸多譯經活動，一起參與翻譯的主要經典就有《大日經》和《金剛頂經》這兩部密法根本經典。而後一行又撰集《大日經疏》，這部著作成為中國密宗思想和理論形成的重要標誌，對後世產生了極大影響。可見，唐密不管是形式上的金胎兩界統一，還是理論上的成型，都集於一行一身，故後人稱其為唐密祖師之一。

一行除了在佛法的成就及貢獻外，尚有天文學方面的諸多成就。一行在參與翻譯經典等活動的同時，致力於天文學研究和曆法改革，其重大成就有三：一是創制天文觀測儀器和演示儀器，如黃道遊儀、水運渾天儀和覆矩等。二是主持進行了一次大規模的天文大地測量工作，這是世界上第一次子午線長度的實測；另外，一行在這過程中也不忘在廣東新會茶庵寺及玉臺寺宣揚密法，留下法緣。三是制定了《大衍曆》，精準度超越了自《太初曆》至《麟德曆》等二十三家曆法，成為後世曆法的模範，把中國古代曆法的制訂工作提高到新的水準，使我國的古代曆法體系達到完全成熟的程度。

或許因身心投入佛教修習、譯經及制定曆法，一行積勞成疾，於開元十五年（西元七二七年）示寂。

不空和惠果以弘揚密法為利益眾生之方便；一行利益眾生的方便之法，則主要在於天文曆法之上，使農民能耕種適時、趨吉避凶；同時撰寫《宿曜儀軌》等，使後人能依此在修行的道路上減少違緣、成就自他。後來，日本天台最澄從道邃處得一行密教教法，故一行的法脈也因此流傳於國外，被尊為日本台密祖師。空海之真言宗一脈，也尊一行為八祖之一。

大日如來教法之唐密成型於華夏，而後在海外發揚光大，正所謂「日出東方，其道大光」。

二十世紀初期，海外密法開始反哺華夏，正如唐朝時期一樣，此時的密法也順應近代中華文化環境，有了一些變化；其中，持松法師便是採用華嚴、真言並重齊弘的形式弘揚唐密。直至今時今日，顯密佛教也在逐漸順應著國家文化的發展變化，正所謂「凡益之道，與時偕行」呀！

隆明法師在日本京都求學之際，因緣成熟於高野山求習密法，並得授金胎兩界灌頂；今又因臺灣慈濟人文志業中心之託，撰寫《一行阿闍梨》一書，實為其甚感欣喜。一行祖師言教，後學應常思常習，不可輕忘。本書內容，對一行的神異、貢獻及教理思想並重，是瞭解一行阿闍梨內外修為之途徑，開卷有益則自他兩利。謹為序推薦。

【編撰者序】

借星辰之光，顯大日如來方便之輝

一行阿闍梨（西元六八三至七二七年），亦稱僧一行、釋一行，俗名張遂，是中國唐代著名的天文學家和唐密祖師之一。生於魏州（唐）昌樂縣，即今河南省南樂縣一帶（與山東、河北兩省交界處），後遷移至鉅鹿。

一行資性聰穎；出生於書宦家族的他，並沒有傾心仕途，而是將精力全部投入治學，博通儒經、天文、陰陽、五行以及道家典籍。他對學問的超凡悟性，在當時被知名道士尹崇認為「此人是顏回再世」。

一行二十一歲時，父母相繼去世。一行「豁然厭世，抱方外之心。」所以在弘景律師門下剃度出家。之後在嵩山、天台山、當陽山等地參學佛教經典和天文數學；在天台山求學時，更發生了「一行到此水西流」的神異事跡。可見，一行雖是凡體，而內德殊勝，非肉眼能辨。

開元四年，一行受詔回到長安，先後接觸善無畏和金剛智，並從兩位阿闍梨那裡得到灌頂傳承，使胎藏界和金剛界於中國在一行身上得到統一，成就「金胎不二」之因緣。一行並先後和善無畏、金剛智一起翻譯了諸多經典，其中包括《大日經》與《金剛頂經》等重要經典；一行又和善無畏作《大日經疏》，為後人開解疑惑，此疏也是我們了解一行佛教思想的重要途徑。因一行是唐密的主要奠基人之一，故後世尊其為唐密八大祖師之一。

除了對佛教有傑出的成就及貢獻外，一行在天文學上亦有令世人矚目的成就。他在長安生活的十年間，主要致力於天文學研究和曆法改革，其重大成就有三：

一是創制天文觀測儀器和演示儀器，如黃道遊儀、水運渾天儀和覆矩等，為全世界第一次發現了恆星位置變動的現象，比歐洲要早約一千年。渾天儀也是一大創舉。英國著名科技史家李約瑟博士評論水運渾天儀時便稱，高僧一行和梁令瓚所發明的平行聯動裝置，實質上就是最早的機械時鐘，是世界上最早將擒縱器應用於報時的裝置，比西元一三七九年西方出現的威克鐘（De Vick〔De Wyck〕Clock）要早六個世紀。

二是主持進行了一次大規模的天文大地測量工作，這是世界上第一次子午線長度的實測，比西方早九十年。

三是把中國古代曆法的制訂工作提高到一個新的水平，使我國的古代曆法體系達到完全成熟的地步。宋代史官歐陽文忠便說，從太初到麟德的曆法總共有二十三家，直到天師一行才真正完善了曆法。一行依照數術精算立法，幾乎不可更改；後世雖然有所改訂，然只是效仿而已。

一行熟知天文的同時，對星宿之密的運用也是得心應手的。在成為金胎兩界的阿闍梨之前，就已經熟知禳星之法；成為阿闍梨後，對星宿密法的運用更是達到了神乎其神的程度，在本書中略有介紹。簡言之，一行的一生成就多和天上星辰有不解之緣，從觀測星辰，制定曆法到借用星宿之力，顯大日如來之方便，成就世間，都和天上的星宿有著緊密聯繫。

大薦福寺沙門道氤在〈設齋贊願文〉中對一行讚道：「蘊大福智惠，行深慈悲，乃妙吉祥菩薩之事也。」這裡的「妙吉祥菩薩」即是文殊菩薩，表示一行智慧無邊。如果從事相上來說，一行又像「妙見菩薩」，常御星辰之力造福人間，如《七佛所說神咒經》云：

（妙見菩薩）我於過去從諸佛所，得聞說此大神呪力。從是已來，經七百劫住閻浮提為大國師，領四天下眾星中王，得最自在，四天下中一切國事我悉當之。

總而言之，一行在人間的示現，無不顯示了佛法的圓融。佛法不捨世間，星光、日光一如；然大日如來之輝，非凡夫所能直視；故如來開種種方便法門引導眾生，使前路有跡可循、有繩可依。祖師們亦給予我們種種示現，是故我們今天了解、學習祖師們的所學所行，效之循之，借星光之方便而得日光之輝。

本書的編撰，是在慈濟傳播人文志業基金會出版部主編賴志銘博士和西安大興善寺宏濤法師的誠邀、和勤勉下完成的。本書在編撰之時，吸收了楊榮垓、楊效雷、呂建福、顧淨緣、吳信如等多位學者的研究成果；由於篇幅、行文等限制的原因，未能在文中一一標明出處，深感遺憾，請諸位及讀者多多包涵。

一行在天文研究的成就有諸多細節；但是，考慮到如果一一介紹，專業術語太多，讀者難於理解，趣味性不強；另一方面，高僧傳系列主要是為了讓讀者了解高僧們在佛教方面的貢獻及成就，從而向祖師先輩學習，精進修行。所以，本書僅著重介紹一行的佛教思想。

筆者胸無大志，唯獨對一「密」字感興趣。世間貧富夭壽有何祕密？人間喜怒哀樂又是什麼緣由？山河大地、人道天仙與諸佛菩薩又是何物？這些都是祕密。故投身佛門以求一知半解，同時也對密法抱有濃厚的興趣。

初到日本求學之時就對真言宗頗為嚮往，但是因緣不備，未能成行。幸好，所居之處每日能得披真言宗總本山東寺鐘聲之警覺及加持；終於在辛丑年之時，因緣成熟得入真言之門。修行之中，作道場觀時頓覺此乃佛法之妙用也。為何此密壇之中能作諸佛事？只因此時心中密壇已經是淨土，上住諸佛；佛法講一心，收時萬物歸心，放時心作萬物，收放自如即為一真。所以，世間萬事萬物，真真假假，假假真真；真作假時，真亦假；假作真時，假亦真。若以佛像作凡想時，此像也只一泥胚；若以沙塵作聖觀時，沙塵即是舍利。所以，佛法的加持力便在於心在何方。

因編撰因緣，於書中尋求一行的事蹟與思想，再次拜服於一行阿闍梨顯現的功德之力。原來，聖者是以人間為密壇，萬物為法器，是故能擒凡豬而藏星辰、借銅鏡而得雨水。撫心自問，此間事物能借否？

目錄

三平等句法門，言如來種種三業，皆至第一實際妙極之境。身等於語，語等於心，猶如大海遍一切處，同一鹹味，故云平等也。

貳．由《大日經．住心品》了解唐密教相

毗盧遮那一切身業、一切語業、一切意業，一切處、一切時，於有情界宣說真言道句法。又現執金剛、普賢、蓮華手菩薩等像貌，普於十方宣說真言道清淨句法。

附錄

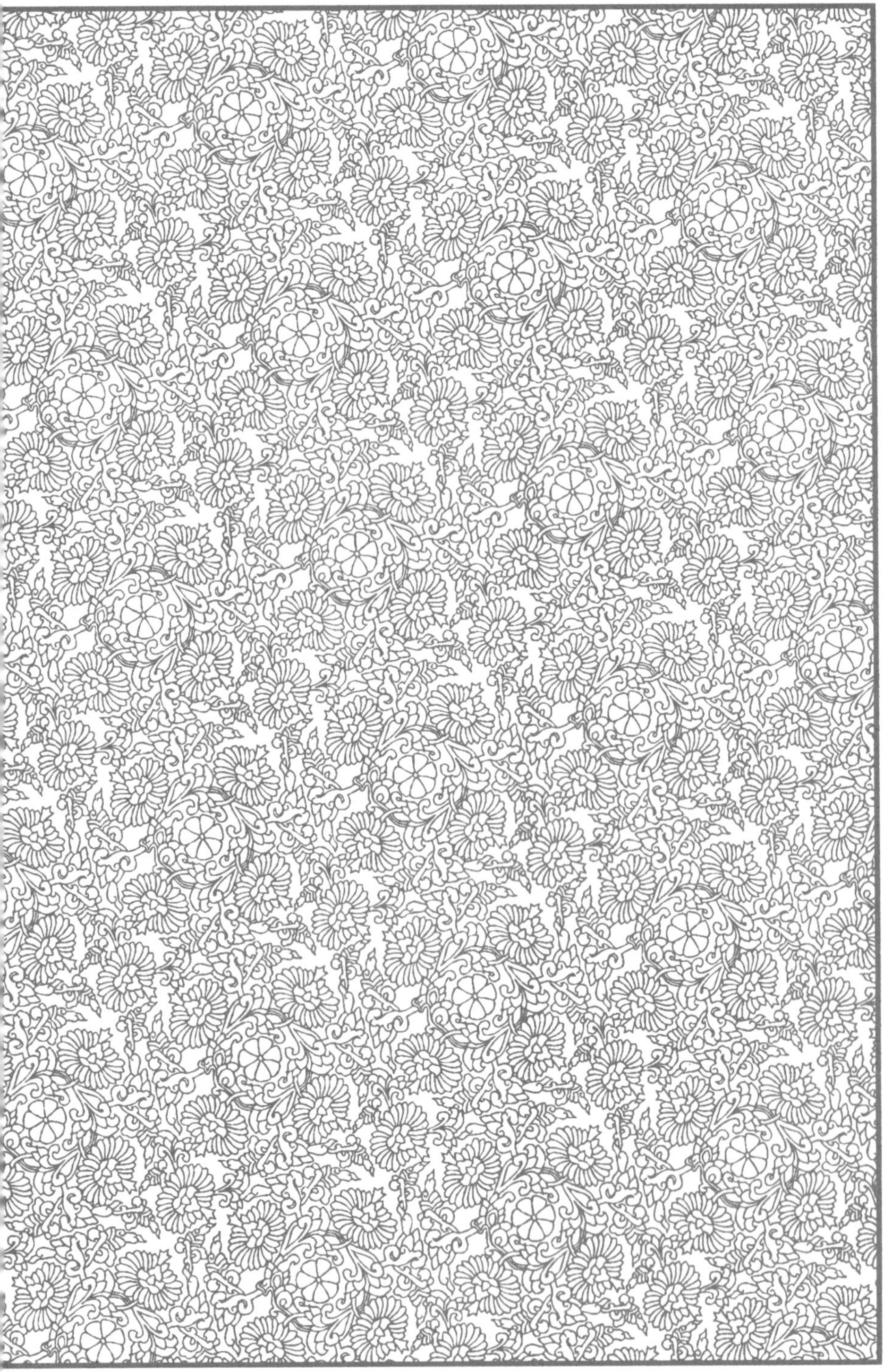

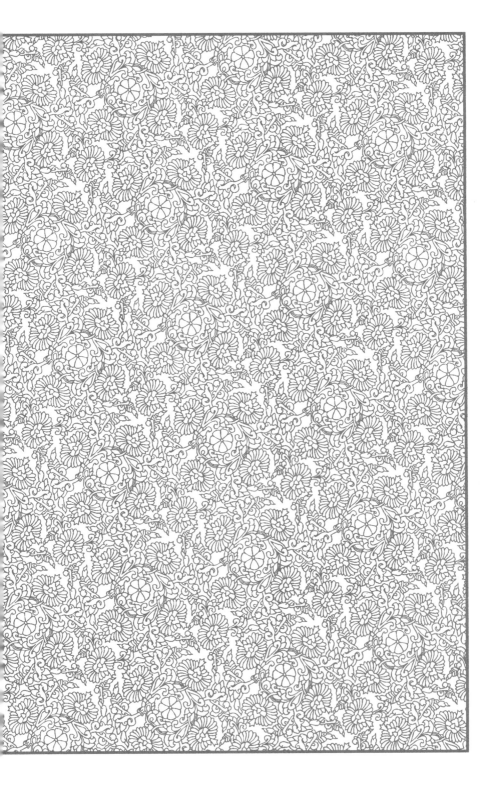

示現

第一章　書宦世家

丱歲不群，聰明伶俐，博覽經史，尤精曆象陰陽五行，尹崇贊曰「後生顏子」。

一行阿闍梨，亦稱僧一行、釋一行，俗名張遂。僧一行的生年於歷史資料中並無記載。據《舊唐書．一行本傳》記載：「（一行）開元十五年卒，年四十五，賜謚曰：大慧禪師」（註一），由此反推一行的生年應為西元六八三年，圓寂於西元七二七年。

出身背景

一行於唐高宗弘道元年（西元六八三年）出生於書宦世家。據唐代劉肅《大唐新語·卷十三》記載，僧一行為「（張）公謹之曾孫」。張公謹，是唐太宗李世民的開國功臣。隋朝末年天下大亂，群雄割據；當時張公謹原為王世充部下，後投降唐朝，受李靖、尉遲敬德的推薦進入李世民幕府。

《舊唐書·張公謹傳》中記載，當時，李世民被太子李建成、齊王李元吉所忌，李世民因此召見張公謹，問其自保之策；張公謹的回答讓李世民非常滿意，從此開始重用公謹。

武德九年（西元六二六年），李世民欲誅殺李建成、李元吉，但又猶豫不決，便命人燒龜殼占卜。此時，張公謹從外而入，將龜殼扔在地上，並道：「但凡占卜就是為了決定疑難之事；現在事情並無疑難，還占什麼？如果占卜的結果不吉，形勢也會迫使你行動。」李世民深表贊同。

六月四日，張公謹與長孫無忌等九人埋伏在玄武門外，發動了玄武門之變，斬李建成、李元吉。其黨羽率軍攻打玄武門，欲為太子和齊王報仇；張公謹勇力過人，獨自閉門把守，把太子黨翼擋在門外，使李世民免於一難。張公謹因此功升為左武侯將軍，封定遠郡公。

貞觀三年（西元六二九年），張公謹上奏朝廷，認為可以討伐東突厥，並羅列六大理由。唐太宗遂任命兵部尚書李靖為行軍總管，張公謹為副總管，討伐東突厥。貞觀四年（西元六三〇年），頡利兵敗，東突厥平定；張公謹晉封鄒國公，改任襄州都督。公謹死後，李世民亦累次追封。《舊唐書》中記載：「贈左驍衛大將軍，謚曰襄。十三年，追思舊功，改封郯國公。十七年，圖形於淩煙閣。」由此可知，公謹最後的封號為「郯國公」，並位列於「淩煙閣二十四功臣」中（列居第十八位）。

《舊唐書．張公謹傳》稱公謹為魏州繁水人。《舊唐書．地理志》載：「隋廢昌樂縣入繁水，武德五年（西元六二二年）復置（昌樂縣），隸魏州」。張公謹為西元六二七年後卒（年三十九），為唐初之人，所以稱其為繁水（昌樂縣）人。唐魏州昌樂縣在今河南省南樂縣一帶（與山東、河北兩省交界處）。

宋代釋贊寧撰《宋高僧傳．一行傳》等，以一行為鉅鹿人；可能僧一行祖籍為魏州昌樂（繁水），後遷移至鉅鹿。

關於一行的祖輩，即張公謹之子，新舊《唐書》都有所記載，內容大同小異。《舊唐書》提到張公謹有三子，其中長子為大象，官至戶部侍郎；次子為大素，三子為大安。大素官位為東臺舍，兼修國史，撰有《後魏書》、《隋書》等著作。但《後魏書》並非完璧，其中的〈天文志〉是由張遂（一行）續寫完成；後來北宋史學家劉恕等人將它補入魏收的《魏書》中，就是今天所能讀到的《魏書．天象志》第三、四兩卷。大安在上元年間歷太子庶子、同中書門下三品。

由此可說，一行的祖輩也是官位顯赫。但是，之後大素、大安都有招貶，大素一支逐漸式微。

大素在高宗龍朔年間位居東臺舍人，即給事中，乃門下省的要職，為正五品上。至於大素晚年，新舊《唐書》都記載「大素……卒於懷州長史」；此中的「懷州長史」並沒有表明是上中下哪種州史；不管是哪種，官級都較原來的低（上州長史為從五品上，中州長史為正六品上，下州長史為正六品下）。

大安在高宗上元年間位居太子庶子、同中書門下三品；其中，太子庶子是正四品上，而同中書省門下省長官是行使宰相之職的。

《舊唐書》記載大安「光宅中，卒於橫州司馬」，說明其最後官職為司馬之職；其實質是優遊祿位的閒職，一般是用來安排貶退大臣和宗室、武將。下州司馬的官位是從六品上。

一行的父輩，史書中可查的有大素之子：懍、悱；大安之子：洸、洽。《新唐書》中載，張悱在仕玄宗時為集賢院判官，應詔修補其家所著的《魏書》、《說林》。從文序的排列來看，張悱似為大安之子；但是其家所著的《魏書》、《說林》，是大素的著作。另外，《玉海》引《集賢注記》，載「開元八年五月，張悱以前福昌令奉敕修其父大素所撰《後魏》、《隋書》、《說林》」。說明張悱是大素之子。張悱最後官位為國子司業，正六品上。

大素之子懍，官居武功令。武功縣作為畿縣，屬關內道隸京兆，唐代京兆、河南道諸縣的縣令是正六品上的官職。張悱與張懍的處境相同，官職也相同。

至於大安之子涗，開元中為國子祭酒，為從三品；洽，開元中為禮部郎中，為正四品下。

一行的父親《舊唐書》記為「張擅」，時任武功令。《血脈譜》和《略付法》中，對兩《唐書》裡出現的僧一行之父「張擅」都記作「張懍」：「太僕丞懍之子也，家代忠孝，公卿相襲。」然而，《血脈譜》和《略付法》的說法更加可靠；而且，從悱、懍的文字偏旁上來看，懍更符合古代的命名習慣。故本書沿用一行的父親為「張懍」的說法。

張氏家族歷代公卿相襲，又著書立說，本身就有著深厚底蘊的家庭文化氛圍，使一行在成長中得到足夠的文化薰陶。

一行八歲那年，唐朝政局發生巨大變化。西元六九〇年，武則天登位，打壓李唐宗室原有勢力，抑制士族，扶持庶族勢力。張公謹之家為李世民開國功臣之家，疑在此時遭受打壓，至此家道中落。故書中有記一行年幼時家貧。在幼年時期經歷這一家難，對一行往後產生了極大影響。

天資聰穎

一行資性聰穎，出生於書宦家族的他，也曾經仕途光明。玄宗為一行所寫的碑銘中有明確記載，一行曾經得到過「射策甲科」（註二）；所以，一行應該也相當熟悉儒家經典。然而，他並沒將這聰穎用在時人趨之若鶩的科舉仕途，而是將精力全部投入治學；在博通儒經、歷史後，又花大功夫研究天文、陰陽、五行以及道家典籍。他對學問的超凡悟性，在當時傳出了一則美談。

有道士名為尹崇，以博學馳名於學界與政壇，家中藏有大量珍貴書籍。作為後生的一行，來向尹崇求借被人認為極其深奧的揚雄《太玄經》（註三）；他借得此書後，沒幾日就來歸還了。

尹崇很是奇怪，便詢問：「此書意旨深奧，我讀了多年，尚未弄懂其意。

你想研究此書，為何這麼快就歸還？」一行答道：「我已深得其意。」說罷，拿出他所撰的《大衍玄圖》及《義訣》二書交給尹崇。尹崇粗略地翻閱一下，驚奇不已，便和一行探討起《太玄經》的奧旨；一談之下，使尹崇對一行徹底佩服，並對人說：「此人是顏回再世。」一行自此名聲大噪。

揚雄《太玄經》一向被易學之人視為文字艱澀、意旨深奧，尹崇自己也攻讀多年，尚未得其深意。一行數日之內能解其深意，並作《大衍玄圖》及《義訣》二書，以釋《太玄經》義理，可見一行的易學功底深厚。

【註釋】

註一：歷史上總共有多位「大慧禪師」，為大眾所熟悉的有四位；除一行外，其他三位分別是：

普寂禪師（西元六五一至七三九年），是神秀四大著名弟子之一，也是一行的師父之一。

懷讓禪師（西元六七七至七四四年），惠能門下嗣法大弟子之一。唐玄宗先天二年（西元七一三年）住南嶽般若寺，大開禪門，世稱南嶽懷讓。

宗杲禪師（西元一〇八九至一一六三年），禪宗六祖惠能第十六代傳人，臨濟宗楊岐派第五代傳人。

註二：射策是我國漢代選士的一種考試方式，射就是「投射」的意思。《漢書．蕭望之傳》中說到「望之以射策甲科為郎。」唐初經學家顏師古在註釋中詳細說道：「射策者，謂為難問疑義書之於策，量其大小署為甲乙之科，列而置之，不使彰顯。有欲射者，隨其所取得而釋之，以知優劣。射之言投射也。」

跟射策相對應的為「對策」，兩者統稱為「策試」。不同的是，對策是將題目寫在簡策上，按題作答，有點類似於命題考試；射策則是將簡策密封，隨機抽取。

隋煬帝在大業年間增設「進士」和「明經」兩項名目，為後世所沿襲，故一般認為隋朝是科舉制的開端。唐朝繼承併發展了這一制度，分為「常科」與「制科」兩類，考試以策論為主，也考經史和詩賦。錄取後「文策高者，特賜與美官，其次與出身。」制舉以開元時期為最盛，唐文宗太和以後則甚少舉行。所以，一行此處的「射策甲科」應該是「文策高者」了。

註三：《太玄經》也稱《揚子太玄經》，簡稱《太玄》、《玄經》，漢代揚雄編撰。《四庫全書》為避康熙皇帝玄燁之名諱，改為《太元經》。《太玄經》以「玄」為中心思想，揉合儒、道、陰陽三家思想，成為儒家、道家及陰陽家之混合體。揚雄運用陰陽、五行思想及天文曆法知識，以占卜之形式，描繪了一個世界圖示。《太玄經》的內容和體裁上都和《周易》有類似之處，所以有「另類易經」之稱。《太玄經》使用了「天、地、人」三方，跟《周易》傳統的「乾、坤」二元有所不同。以數制來說，《太玄》是三進制系統，《周易》則為二進位系統。

第二章　出家遊學

禪師一行者，定慧之餘，數窮天地，有所未達，咨而後行。

武周長安三年（西元七〇三年），一行二十一歲時，父母相繼去世。根據《內證佛法相承血脈譜》記載，那時一行「豁然厭世，抱方外之心」，所以在弘景律師門下剃度出家。

發心出家

玉泉弘景律師（西元六三四至七一二年），又名宏景，湖北當陽人，唐代著名僧人，《宋高僧傳》又稱他為恒景，「釋恒景，姓文氏，當陽人也。貞觀二十二年勅度，聽習三藏，一聞能誦，如說而行。」

弘景受法於章安灌頂的弟子玉泉道素，後在智者禪師門下修習止觀；在玉泉寺之南十里建立精舍，號龍興寺。弘景受戒於道宣，曾跟隨道宣學習南山律宗，為道宣律師親授弟子。而後住持荊州玉泉寺（註一），故稱玉泉弘景；唐代著名的南嶽懷讓、玉泉惠真、鑑真和尚也是他的弟子。

弘景律師以戒律和擅長止觀聞名。他雖然常駐荊州玉泉寺，但是據《宋高僧傳》中記載，弘景律師「自天后、中宗朝，三被詔入內供養為受戒師。以景龍三年（西元七〇九年）奏乞歸山。」由此可見，當時弘景律師剛好在長安城，所以一行依此因緣，得遇弘景律師，並在其門下剃度出家。

對於一行的出家行為，玄宗御製碑銘中評價道：

為親出家，毀形無我，以拔濟幽難，是孝中亦有孝也。

《分別善惡報應經》中云出家功德有十種：

一遠離妻室，二染欲不貪，三愛樂寂靜，四諸佛歡喜，五遠離邪魔，六近佛聽法，七遠離三惡，八諸天愛敬，九命終生天，十速證圓寂。如是十種功德，歸佛出家獲如斯報。

又《賢愚經》中提到出家功德大過布施功德：

爾時世尊，讚歎出家，功德因緣其福甚多；若放男女，若放奴婢，若聽人民，若自己身，出家入道者，功德無量。布施之報，十世受福，六天人中，往返十到，猶故不如放人出家及自出家功德為勝。

《盂蘭盆經》中提到，供僧功德能救度現在乃至過去七世父母；何況一行自身出家，以此出家功德超度現在、過去父母呢！故玄宗評價一行的出家行為是「孝中之孝」。

師事普寂

神龍元年（西元七〇五年），一行出家後不久，正逢普寂禪師在嵩山宣講禪法，信者甚眾。因此一行慕名前往，師從普寂禪師，在其門下修習禪法。

普寂禪師（西元六五一至七三九年），俗姓馮，蒲州河東人，是神秀的四大弟子之一。據《宋高僧傳》所載，普寂禪師自幼性格率性軒昂，出家後循於經律，對經文常有迥異於別人的見解。後拜神秀為師：「初聞神秀在荊州玉泉寺，寂乃往師事凡六年；神秀奇之，盡以其道授焉。」普寂在神秀身邊學修六年，盡得神秀所傳。

一行在嵩山時，受普寂禪師賜名「一行」，源自「一行三昧」；《內證佛法相承血脈譜》中道：「（一行）每研精一行三昧，因以名焉。」

一行三昧，是神秀一系的禪法思想。《楞伽師資記》所載：

則天大聖皇后，問神秀禪師曰：「所傳之法，誰家宗旨？」答曰：「稟蘄州東山法門。」問：「依何典誥？」答曰：「依文殊說般若經（《文殊師利所說摩訶般若波羅蜜經》）一行三昧。」

關於一行三昧，我們可以從《文殊師利所說摩訶般若波羅蜜經》中了解其詳細的內容，現只舉一處以明其意：

文殊師利言：「世尊！云何名一行三昧？」佛言：「法界一相，繫緣法界，是名一行三昧。若善男子、善女人，欲入一行三昧，當先聞般若波羅蜜，如說修學，然後能入一行三昧。」

由此可知，一行的法名中蘊涵了神秀一系的禪法思想。一行在普寂身邊修學禪法，大約有六、七年之久，這對他以後的佛學思想形成產生很大的影響。一行在嵩山期間還曾建立過戒壇，進一步宣揚教法。《全唐文》曾收錄了這篇〈嵩山會善寺戒壇記〉：

有高僧元同律師、一行禪師，鏟林崖之欹傾，填乳竇之穴窱；甃玉立殿，結瓊構廊；旃檀為香林，琉璃為寶地，遂置五佛正思惟戒壇。

據說，戒壇的遺址今尚存，只不過全非當時一行所建造的。

一行本來就記性奇佳，早年博覽經史，過目不忘，念誦經法，更是如印印泥，爛熟於心。據《明皇雜錄補遺》所記載，有一次，普寂嘗試於寺院中食事供養，大會群僧及沙門，方圓百里的僧人紛紛赴會，如期而至，有千餘人之多。

當時普寂有位居士朋友，名叫盧鴻，道高學富，對佛學造詣頗深，隱居於嵩山之中。為人高傲，朝廷屢屢徵召他出來做官，三召之後他才出任為官，不久之後又返回嵩山隱居。這回大會先請他做了一篇讚歎文，稱頌法會之隆盛。

他當天來到寺院，把所作文章放在書案上，對普寂說：「我所作的文章有數千言，而且文字古奧、用典生僻。請從眾僧中挑選一位聰明悟達之人，讓他來這裡，我親自傳授。」普寂於是招呼一行進來。一行拿起那篇文章，面帶微笑，只看了一遍文章，便放回書案上。

盧鴻大為不滿，心想這後生竟如此輕狂不遜。隨後群僧會聚一堂，一行闊步向前站定，朗聲背誦盧鴻的祝詞，抑揚頓挫，竟無一遺漏錯誤！盧鴻很是驚愕，發呆了一會兒，才對普寂說：「此人非大師所能教導了，應該讓他遊學四方。」普寂點點頭。此事便成了一行接下來的參學因緣之一。

雲遊參學

景雲元年（西元七一〇年），一行二十八歲。這一年是唐睿宗第二次即位，為重振朝綱而徵召一行。《舊唐書》記載，睿宗即位，令東都留守韋安石給一行以禮遇徵召；一行假裝生病，不予應召。

這件事也促使一行決定離開嵩山遊學的因緣，在師父普寂的許可，一行於是展開了遊方參學的旅程。第一站他來到了當年出家的荊州當陽山。

一行到當陽後，並沒有常住在玉泉寺或度門寺，而是去南庵子拜見了剃度恩師弘景律師的傳法弟子惠真法師，在其門下學習律藏。南庵子又名大雲寺，在玉泉寺南五里的山中，惠真法師當時為該寺住持。

惠真律師（西元六七二至七五一年），又稱蘭若和尚。依〈荊州南泉大雲寺故蘭若和尚碑〉所記，和尚名為惠真，南陽冠族張氏。其母誦《法華經》，屢有祥應，後有應祥而生惠真。

和尚七歲誦書，日記萬言，能默誦《法華經．安樂行品》，因此專精大乘。十三歲於西京開業寺剃度。十六歲受十戒，持戒嚴峻，聞名京師。遍覽毘尼（毗奈耶，即律藏），感覺有所缺失不足，於是往天竺尋求梵本，在海上遇見義淨三藏自摩竭陀歸來，與其同返。編寫有《毘尼孤濟蘊》。天寶十年（西元七五一年），入禪定，中夜而滅，享齡七十九，僧夏六十。

惠真律師除了專精毘尼之外，與《法華經》的宿世因緣深厚；而且，惠真本人也是玉泉寺弘景的弟子之一。故也有人認為，一行在此處除了學習戒律以外，還同時學習了玉泉派的天台宗。

一行因為家族因緣，從小對陰陽星相之學有濃厚興趣，對相關書籍無不加以精詳研究。玉泉寺藏書豐富，其中就有義淨三藏自印度取回並贈送給惠真的書籍，其中就包括印度的曆法；所以，一行也在此學到了印度曆法的內容。故《宋高僧傳》有記「然有陰陽讖緯之書，一皆詳究」。

一行在當陽參學先後共有六年。在這期間，一行在當陽另尋一處道場，此處道場後來改名為三星寺。三星寺在古鎮河溶東北的圈椅山腰，圈椅山的東邊是大片的平地，視野開闊；這兒除了宜居，也便於觀測日月星辰等天體變化。

一行在寺院圍牆外，雇人挖了三口水井，分別叫福井、祿井、壽井，象徵福、祿、壽三星。（註二）一行挖井的目的，第一是為附近的農民提供清涼飲水。第二是用於天文觀察，探究天人關係；三口井平面呈等邊三角形，是測量天體的座標點。第三是向福、祿、壽三星祈禱，禳解人間災難，令平民百姓增福延壽。

後人為紀念一行，將圈椅山更名三星山。《當陽縣誌》記載：「三星山，唐僧一行道場，有三井在山寺左右，乃一行鑿以禳三星者。」楊宣樓詩云：「錫卓盛唐聞一行，寺傳破額紀三星；孤磬乍傳林樾去，野猿或抱石頭聽。」

除此之外，一行也經常到各地遊學。他聽說天台山國清寺有位僧人精通易數，於是不遠千里地從荊州到天台尋訪。在這路途中，一行極有可能經過杭州。〈杭州餘姚縣龍泉寺故大律師碑〉中記：「（道一）門人之冠者一行禪師、惠罕法師、津梁寺乾應律師、蘇州東林寺懷哲律師。」同時，碑文中又提到道一律師「遠名利，故不遊京國，樂閑安，故不出戶庭，有請方去。」可見，在這期間，道一律師並無外出授徒。因此，極有可能是，一行在從荊州到天台的途中到過杭州餘姚縣龍泉寺，向道一律師參學，隨後才到天台山國清寺。

據《宋高僧傳》記載，一行千里迢迢趕往國清寺。還未到國清寺時先見到一個清幽的院落，門口有一條溪水，裡面長著一株極其粗大的古松。一行站在門外，聽得牆裡在擺布卜卦用的竹算子，聲音清脆而又遙遠，一股神祕混雜著興奮的感受湧上了一行的心頭。

不一會兒，就聽裡頭的一位僧人對侍者說：「今天有人從遠方而來，求學我的演算法；計算起來，現在應該到了門外。奇怪，莫非沒有人引導？」因此又算了一卦，再對侍者說：「門前水合卻西流，弟子當至。」一行低頭一看旁邊的清溪，本來東流的溪水，果真掉頭向西流淌！一行大喜，立刻推門而入，恭恭敬敬地請求學習。此時，門外的溪水又重新向東流去。

這件事情轟動一時，令一行名聲遠播。至今，國清寺外豐干橋邊，仍然立著一塊「一行到此水西流」的石碑，紀念這一千古神跡。

一行在惠真處學了印度的曆法知識，在國清寺則補充學習了中國曆法知識，為他以後修訂曆法打下了堅實的基礎。

在天台山停留期間，一行曾掛單黃葉寺。溫庭筠有五律〈宿一公精舍〉中，描寫詩人夜宿黃葉時的感懷：

夜闌黃葉寺，瓶錫兩俱能；松下石橋路，雨中山殿燈。
茶爐天姥客，棋席剡溪僧；還笑長門賦，高秋臥茂陵。

按詩中所說，一行曾在天台山的黃葉寺暫住；「瓶錫俱能」，說明這座寺院能夠提供行腳的僧侶食宿。詩中所描繪的松下石橋，也是天台山的著名景觀。

最後，一行結束天台山的遊學，回到荊州當陽山，奉敕入京，與惠真淚灑辭別。《全唐文．荊州南泉大雲寺故蘭若和尚碑》中記：「一行禪師服勤規訓，聰明辨達，首出當時。既奉詔徵，泣辭和尚（惠真），而自咎曰：『弟子於和尚法中，痛無少分。』」

一行出家遊學轉益多位師父，從其首先弘景門下出家，次師從普寂以及之後的師從來看，這些法師都為一時大德——

弘景，是天台五祖章安灌頂的付法大弟子。普寂，據李邕〈大照禪師塔銘〉所載，「依東都端和上受具，轉奉南泉景（即弘景）和上習律」，之後又「遠詣玉泉大通和上（神秀）」，神秀傳以衣缽。惠真出生高門，師從意滿受戒又向學弘景禪師。

由此來看，一行十分講究師從。基於佛法的師承關係，推測為一行的遊學經歷為：嵩山——荊州——（疑途經杭州）——天台山——荊州——長安。

唐朝的密法（簡稱唐密，在日本則被稱為真言宗，現稱「東密」），有胎藏界和金剛界兩種（註三），胎藏界之「理」和金剛界之「智」是一體不二的。兩者雖然是分別從不同的時間傳入唐朝；但是，一行在密法傳入之初就得兩種密法的圓滿傳承；兩者的一體不二性質，在一行身上得到了在現實世界中的完美統一。

唐玄宗登基後，有一天晚上夢見一位僧人，十分神奇，醒來記憶猶新，便拿起畫筆在宮牆上畫了下來，這個形象烙印在不少人的記憶中。開元四年（西元七一六年），中印度梵僧善無畏（梵語 Śubhakarasiṃha，西元六三七至七三五年）風塵僕僕地到了長安，玄宗親自接見，一見面就如同故交；原來，善無畏和幾年前所夢所畫的僧人完全一樣。玄宗立即禮善無畏為國師，並大設梵筵為善無畏接風洗塵。

玄宗有意探知善無畏法術，便讓一位有名的術士與善無畏較量。那位術士幾番施術動作，善無畏卻寂然不動，術士便手足無措了。在座眾人對善無畏無不敬仰，歎其神奇。玄宗又特設內道場，尊善無畏為教主，玄宗之子寧王、薛王等從他灌頂受法，一時轟動朝野。唐玄宗特將其安置於興福寺，不久後又遷入西明寺，三番兩次地慰勞問候，並賜予物品，異常豐厚。

也就是在這一年，一行受詔回到了長安。依《舊唐書》記載，這一年，唐玄宗命一行的族叔、也就是時任禮部郎中的張洽，攜詔書南下，徵召一行回到京城為唐王朝效力。因此，一行結束他在當陽長達六年的修行生活，隨其族叔張洽返回了久別的長安。

到達長安時，玄宗召一行入見，向一行請教安國撫民之道，稱一行為天師（天子之師）。一行經常隨行於玄宗左右，與玄宗討論治理國家之道，實際上已經成為玄宗的政治顧問。因為一行言行耿直，諫諍於上，故為世人所稱頌。

據《舊唐書》記載，永穆公主出嫁時，玄宗命令有司為永穆公主籌辦盛大婚禮儀式，要按照當初太平公主的規格來辦理。

一行知道後，對唐玄宗說：「太平公主是唐高宗唯一的女兒，高規格舉辦婚禮情有可原；可是，也正因為唐高宗處處嬌慣太平公主，才會使其驕奢僭越，最終犯下重罪。陛下千萬不可嬌慣永穆公主，要引以為戒。」玄宗當即接受一行的意見，並追回之前的旨令，永穆公主最終還是以一個普通公主婚禮規格出嫁。一行的諫諍都是諸如此類。

到達長安後，一行得善緣，拜善無畏為師，接受真言教法之胎藏密法。開元八年（西元七二〇年），金剛智來華，收一行為徒，一行得以修習金剛界密法。

印、唐密教簡史

其實，最開始的「顯、密」之分，是指大、小乘之分，如《大智度論》中云：

問曰：今轉法輪多人得道，初轉法輪得道者少，云何以大喻小？

答曰：諸佛事有二種：一者密，二者現。

這裡的「密」和「現」是指「大、小」乘。「現」指顯露、淺層之意；「密」意指眾生自身如來本性之密——因眾生迷茫不覺，故密。又，對眾生根基淺者，說此祕密甚深之理，眾生無能理解接受，如聲聞羅漢在華嚴會上對如來種種功德皆悉不見；所以，機緣不成時，甚深之法一般對根淺者密而不宣，故稱之為密。還有其他各種解釋，此處且不一一細論。

作為教派概念的「密教」及「顯教」，始自一行的《大日經疏》，其中稱本宗為「密教、大乘密教、密宗、密乘、祕密教、祕密宗」，並說：「略說法有四種，謂三乘及祕密乘。」此處將密教同聲聞、緣覺、菩薩三乘區分開來，並云：

祕密者，即是如來祕奧之藏，久默斯要，猶如優曇花，時乃說之。苟非其人，則不虛授，不同顯露常教也。

此說之顯露常教即是三乘教法，一行在《疏》中往往以三乘指稱顯教，自以大乘指稱密教，或即自稱祕密大乘。後來不空弘傳密教，上表屢言本派為密教。如至德三年（七五八年）正月二十三日上表中自稱：「不空記蔭法流，思弘密教，孤遊萬里，遍學五天。」又自稱：「忝跡緇門，久修梵行，習譯聖典，頗悟玄門。大聖文殊師利菩薩，大乘密教皆周流演，今鎮在台山，福滋兆庶。」之後不空又多次使用密教和顯教名詞，因此密教成為密宗及其教法的代稱，顯教則成為其他宗派的總稱。

密教始祖為法身佛大日如來（Mahāvairocana，音譯為「摩訶毗盧遮那」）。大日如來是法身佛，不像化身佛釋迦如來，要示現八相成道；法身無始無終，為說此方密法因緣故強說始終。

大日如來傳法金剛薩埵（Vajrasatva，與普賢菩薩同體，又普賢金剛薩埵），是為密宗第二祖。此處密教以普賢菩薩為代表，而顯教則由文殊菩薩為代表。「華嚴三聖」又名「釋迦三尊」為：毗盧遮那的化身釋迦牟尼佛和文殊、普賢菩薩，表釋迦（毗盧遮那）教法是顯密不二的。

文殊表大智，勘破世間萬法，回歸一真根本智。普賢表大行，依根本智起差別智，由一真根本智而化現萬法，廣度眾生；故傳與金剛薩埵，世間密法機緣顯化於顯教之後。所以，金剛薩埵據大日如來內證法樂之境界集成密法之兩部根本經典，即《大日經》和《金剛頂經》，而後就將之納入南天鐵塔（眾生業力所結的一個時空點），以期待後世有緣者。

西元前五六四年，釋迦牟尼誕生於藍毗尼（Lumbini，位於今日尼泊爾南部），並於三十五歲時示現成佛，初轉法輪。從佛法傳播的總體發展階段來看，學術界把佛教自西元前六世紀至西元十二、三世紀約一千八百年的歷史，總體上分為三個時期，即前、中、後三個六百年，分為顯教、密法初顯、密乘佛教階段。

顯教傳播時期

第一時期，前六百年，為原始佛教和部派佛教，即小乘佛教時期。這個時期，佛教由水路南傳至錫蘭（今斯里蘭卡）等東南亞各國，成為南傳巴利語系上座部佛教；亦傳至中國，迄今仍在雲南傣族等數個少數民族地區流行。

密法初顯時期

第二時期為中六百年。顯教方面，主要是龍樹、提婆的「中觀」學系與彌勒、無著、世親的「瑜伽」學系兩個系統，即大乘佛教時期。這個時期的佛教，分別由陸路及海路傳至中國，又從中國傳至朝鮮半島、日本等東亞各國，成為北傳漢語系佛教，迄今仍在東亞各國流行。

密教方面則是，釋迦牟尼佛滅度後八百年左右，龍樹（亦翻譯為「龍猛」）開啟南天鐵塔，親自從金剛薩埵得授密法，為第三祖；龍樹傳法給其弟子龍智，是為第四祖。此時密法因緣初顯，但並未大行於世。

這裡順便一提，佛陀展現在世間的佛法都是契合當時當地的民情風俗、隨緣顯現的方便法門；密法得於此時顯現世間，說明密法與當時當地的民情風俗文化根機契合。

在兩大根本經典現世的這一時期，印度當時已存在一種吠陀文明及在此基礎上形成的婆羅門教。此教中有很多祭祀儀式，經常通過咒語借用梵天或鬼神之力，其中也有火供：以火為印度天神之口，燒供品於火，天神食之，再賜人以福。婆羅門教有四十四種火供法，廣為世人採用。

因此，密法的事相展現時就借用了很多當時世間的行事方法作為引導方便。萬萬不可盲人摸象、以象腳為柱，將密法等同婆羅門法。同樣地，密法出現在藏地時，亦順應了當地的一些宗教文化作為引導方便。

密乘佛教時期

第三時期，後六百年，為密乘佛教時期。四祖龍智七百多歲時才傳法予五祖。

據西藏佛教史傳記曰：東方藩伽羅國有婆羅門老父母，二人之間有一子，家貧過日。龍樹來此，給予他們黃金為緣，其子竟成為龍樹弟子，常隨龍樹，精通三藏，而且通達鍊金術，此即龍智。同時，龍樹滅後，此龍智乃住吉祥山一隅之洞窟，十二年間，依其修行而得大印之悉地，生命與日月同久，常住其處。此乃佛法之不可思議。

龍智傳法給善無畏與金剛智，是為第五祖，密乘開始盛行於世。稱此一時期為密乘佛教時期，並非說密乘從此時才開始流傳。如前所言，早在西元二、三世紀時，密教根本經典就由龍樹（亦稱龍猛）菩薩取出，而後一直祕密流傳；直到七世紀時方因緣醇熟，才公開流傳。

印度密教

如果單純從印度密教的發展史來看，密乘佛教可總體分為早、中、晚三期。

一、早期密教

「早期密教」一般稱為「雜密」，即「顯中密」。前面說過，佛陀的教法是顯密不二的，只是隨著眾生的因緣時機不同，側重點隨之不同；所以，釋迦牟尼佛所說的顯教經典中也會夾帶陀羅尼密咒等屬於密法的內容。這種密宗兩部根本經典《大日經》與《金剛頂經》未流傳前的密法，就是「顯中密」，學術界稱之為「雜密」——與「純密」相對，意為不系統的密法。

早期密法，主要以經典中的陀羅尼為主，又稱「陀羅尼密教」，早在二世紀時已在印度、西域一帶形成。以《（佛說無量門）微密持經》為代表，陀羅尼密教自稱大持法門，尊崇法師，以陀羅尼為教法主體，突出陀羅尼神咒的中心地位。陀羅尼經類是出現最早、流行最廣、持續最長的一類密教經典，其中宣揚的陀羅尼神咒不僅成為後來密教的組成部分，而且成為密教信仰的核心內容。

陀羅尼密教在印度流傳至四世紀前後。據傳說，龍樹菩薩的弟子難陀專修密教，在西印度持咒十二年，撮集《持明咒藏》十二千頌，並依此法藏發展成持明宗，成為「持明密教」的創始。持明密教是陀羅尼密教的繼續發展，在修行方法上增加結印法，其持誦陀羅尼的性質也發生變化。

這一時期的印度密教的經典、咒語也逐漸輾轉傳入中國內地。這些真言密咒，因為多數夾雜於各類顯教經典中，後來雖然有單獨撮集出來，但是還沒有組織成一個有系統的統一體系，因而只屬雜密、雜咒範圍，與盛唐譯傳的密教典籍所說有所區別。

二、中期密教

七世紀中期，進入「純密」時期，即純正密教之義，意指由法身佛大日如來所傳密宗胎藏界、金剛界兩部大法，即兩部根本經典《大日經》、《金剛頂經》結集傳出後之密教。

早在西元二、三世紀時，密教根本經典就由龍樹菩薩取出，而後一直祕密流傳，直到這一時期此方因緣醇熟，才公開流傳。先後興起兩大新派別，中印一帶依《大日經》形成「真言乘」，南印一帶依《金剛頂經》形成「金剛乘」。

這兩部大法，一曰「胎藏界」，係講色法，說明物質世界的本體與現象，根據胎藏界根本經典《大日經》而建立胎藏界曼荼羅；《大日經》主要講述密教的基本教義、各種儀軌和行法、供養的方式方法。

二曰「金剛界」，係講心法，說明精神世界的本體與現象，根據金剛界根本經典《金剛頂經》而建立金剛界曼荼羅。《金剛頂經》以大日如來為自受用身，宣說「五佛顯五智」思想；所謂「五佛顯五智」意指：中央大日如來的「法界體性智」、東方阿閦（不動）如來的「大圓鏡智」、南方寶生如來的「平等性智」、西方無量壽（阿彌陀）如來的「妙觀察智」、北方不空成就如來的「成所作智」。其中最重要的是法界體性智；除了法界體性智外，其餘四智都是唯識所轉，採納了瑜伽行派「轉識成智」的思想。

胎藏界與金剛界兩部大法，一為從因到果、一為從果到因，兩者不一不異；但是，在印度時，兩者很多時候是分開傳承的。直至八世紀初傳入唐朝後，經一行、慧朗、惠果等高僧的發揚，才形成金胎兩界合一的密教。

三、後期密教

九世紀以後，密教在印度進入晚期發展階段。學術界認為，「開元三大士」的入唐，致使印度本土缺乏可以傳授金胎兩部的具德阿闍梨；密法發展缺少具德阿闍梨的引導，因此逐漸畸形發展。可見，不管顯教還是密教，皆不可缺少善知識的引導。畸形發展的印度密教，陸續出現了易行乘、幻化網、時輪乘等偏離佛教根本法印的流派及修法。

此外，自西元八世紀起，隨著伊斯蘭勢力的逐步壓迫，中亞地區和印度的佛教陸續受到毀滅性打擊。伊斯蘭軍隊的屢次入侵與徹底摧毀，使佛教在西元十二世紀末（約為中國南宋寧宗時）在印度本土即告銷聲匿跡，印度密法因緣在此告一段落。

唐密成形

印度密教發展告一段落，讓我們把視線轉移到東土（中國）密教。中國的密法自始自三國時代就有零星的傳入；這一時期的密教，因為缺乏根本經典，故未形成一個真正的教派，被世人稱為「雜密」時期。

三國時代，竺律炎譯出有密咒的《摩登伽經》二卷，支謙譯出《八吉祥神咒經》一卷、《無量門微密持經》一卷。西晉永嘉（西元三〇七至三一三年）年間，西域僧帛尸梨蜜多羅來華，專門從事陀羅尼法門的傳播。據說，他本人善持咒術，常誦咒數千言，聲音高暢，顏容不改。他譯有《大灌頂神咒經》十二卷、《大孔雀王神咒經》一卷、《孔雀王雜神咒經》一卷等。

自東晉起，對雜密的介紹逐漸增多。孝武帝（西元三七三至三九六年在位）時，西域僧曇無蘭譯出《陀鄰鉢咒經》、《請雨咒經》、《止雨咒經》等二十餘部。《高僧傳》記載，當時活躍於北方地區的佛圖澄就善誦神咒。曇無讖早年便「與同學數人讀咒」，故而「明解咒術，所向皆驗，西域號為大咒師。」

南北朝時期，密典的譯傳有增無減；當時來華的印度或西域僧侶，一般都兼習密咒。隋代闍那崛多的譯經中，密典占有很大比重。那連提黎耶舍和達摩笈多兩人對密咒都十分精通，如耶舍「每於宣譯之暇，時陳神咒，冥救顯助立功多年。」（《續高僧傳．卷二》）

入唐以後，菩提流志、實叉難陀等譯家也各有若干密典翻譯，就連玄奘、義淨也都曾傳譯過密法。初唐諸大譯家中，沒有一人不譯介密教典籍的。

隨著密典譯傳的趨於繁盛，各種密咒匯編的總集也相繼傳入中國內地，如東晉《七佛八菩薩所說大陀羅尼神咒經》四卷、梁代《陀羅尼雜集》十卷。這類經典所宣傳的密法仍是「雜密」。雜密的根本經典是《持明咒藏》，即所謂《金剛大道場經》十萬頌，於唐代永徽三年（六五二年）由阿地瞿多譯出，名為《陀羅尼集經》，共十二卷。正是這些雜密的譯傳和流行，為「開元三大士」等人的傳譯純密、建立密宗催熟了各種條件。

純正密教正式傳入中國開始於唐玄宗時期。玄宗開元年間，善無畏、金剛智和不空三位印度密宗大師先後來到中國弘揚密法，這就是歷史上著名的「開元三大士」；中間經一行、慧朗、惠果等的發揚，形成唐密。

善無畏祖師（西元六三七至七三五年），又譯淨師子，稱無畏三藏，是中天竺烏荼國佛手王之子。出家後於那爛陀寺得遇達摩掬多尊者（即龍智菩薩）為其授胎藏界大法灌頂，為密教五祖。其後，善無畏三藏遵師命，攜帶佛經，繞道中亞，於開元四年（西元七一六年）到達唐都長安，後奉皇帝之詔翻譯《大日經》於洛陽大福先寺。《大日經》為密教之根本經典，由善無畏三藏口述，其弟子一行阿闍梨記錄而成。

善無畏祖師傳授以胎藏界（理）為主的密法，是為中國密教正式傳授之始，故亦稱其為漢地密教初祖。因其具備神通及對密教經典的精通與貢獻，善無畏被唐玄宗尊奉為「教主」。入滅後，其真身奉塔於洛陽廣化寺之前庭。

五祖善無畏的著名弟子除一行外，尚有溫古、玄超、義林、智嚴、喜無畏、不可思議（新羅僧）、道慈（日僧）等。

金剛智祖師（西元六六九至七四一年）為中印度王子，十歲出家於那爛陀寺，二十歲受具足戒，廣習大小乘經律論。三十一歲依止南印度龍智菩薩受教，七年承事供養，受學一切密教，受金剛界灌頂傳承，為密教五祖。

尋遊師子國登楞伽山，聞中國佛法盛行，於唐玄宗開元七年（西元七一九年）由海路經錫蘭、蘇門答臘至廣州，翌年至東都，敕迎於長安慈恩寺，尋徙薦福寺，於所住立大曼荼羅灌頂道場以大弘密法普度四眾，並翻譯密經，譯有《金剛頂經》、《瑜伽念誦法》、《觀自在瑜伽法》等八部十一卷。後示寂於洛陽廣福寺，謚灌頂國師、大弘教三藏。金剛智亦被尊為漢地密教初祖，門下弟子有不空、一行、慧超、義福、圓照等。

不空祖師（西元七〇五至七七四年），又作不空金剛，南印度師子國人。天資聰明，幼從叔父遊南海諸國，其後出家，十四歲從金剛智三藏學悉曇章，誦持梵經，深獲三藏器重，盡得五部三密之法。待五祖金剛智三藏示寂，遵遺命，往印度求法，從龍智菩薩（普賢菩薩化身）受十八會金剛頂瑜伽及大毗盧遮那大悲胎藏各十萬頌、五部灌頂、真言祕典、經論梵夾五百餘部，並蒙指授諸尊密印、文義性相等。又遍遊五印度，於天寶五年（西元七四六年）還京師，為玄宗灌頂，賜號「智藏國師」。

不空三藏譯出唐密的另一部根本經典《金剛頂經》。後有詔使住大興善寺。自天寶至大曆六年，譯出密部之經軌凡七十七部、一百二十餘卷；密教之盛，此時為最。金剛智及不空兩祖師的傳授原以金剛界密法（智）為主；後善無畏與金剛智兩三藏金胎互授，並分別將兩部大法傳授給不空，六祖不空集兩部大法於一身，即「兩部一具」，此即唐密的最突出特點，不同於以往印度密教的「兩部分傳」。

在不空之前，一行先後接受善無畏和金剛智的傳承，實是唐朝兩部密法融合的第一人。後來的不空，則是在錫蘭學習密法時，在普賢阿闍黎座下，受金剛界與胎藏界兩部灌頂，後傳回中國，形成第二個兩部合一的傳承。因其弟子眾多，唐密以不空傳承為主，也因此形成金剛界與胎藏界兩部密法融合的風格。

一行和不空雖然都是身具兩部傳承，但是從事相上的示現來說，他們又有所不同。一行在參與密宗兩大根本經典的翻譯後，和善無畏共作《大日經疏》，而後雖然也參與翻譯其他經典儀軌，但是重心轉移到制定曆法中。不空入唐後主要是翻譯經典和傳布密法，因此弟子眾多；從不空翻譯的經典來看，金剛頂系統有二十九部，占很大比重。可見，從示現上來說——

一行表「胎藏界」，胎藏界在色、心二法中主要為「色法」，表「因門」，即從果向因「本覺」下轉之「化他門」；如普賢菩薩，從根本智起「差別智」，生萬行廣度眾生。故一行依世間金、木、水、火、土之五行，與周易、星宿等理論定制曆法，讓民眾可以更詳細地判定耕種時期、預測吉凶等，從而造福世間、恩澤後世。

不空表「金剛界」，金剛界在色、心二法中主要為「心法」，表「果門」，即從因向果「始覺」上轉之「自利門」，如文殊菩薩，用智慧之劍斬諸煩惱，令人證得如來「根本智」。故不空一生主要在於翻譯經典、傳布法門，廣度世人流傳法脈。

共譯經典

開元五年（西元七一七年），玄宗命善無畏於西明寺菩提院譯經。一部經典的翻譯，如果要達到「信、達、雅」的標準，往往非一人之力可為；所以，善無畏向玄宗奏請多名僧參與翻譯。

朝廷批准後，善無畏及一行等人開始翻譯《虛空藏求聞持法》一卷本，沙門悉達譯語，善無畏筆受綴文；繕寫完畢，立刻呈獻給玄宗。玄宗深加賞歎，又下詔將善無畏所帶梵文經卷全部送到內府保存。

另外，早在善無畏來大唐以前，有僧人無行西遊天竺，帶回很多梵文經典；回國時，途經北天竺，不幸患病去世，所帶經卷由同行友人帶回長安，存放在華嚴寺中。善無畏得知這一消息後，便偕同一行到華嚴寺檢閱這些經卷，挑選了數本，尤其是其中一卷《總持妙門》，是過去所沒有翻譯的。

開元十二年（西元七二四年），一行和善無畏一起跟隨玄宗常住洛陽。這年，一行和善無畏奉詔於洛陽福先寺翻譯《大毘盧遮那經》（梵語 Mahāvairocana Tantra），此經有三本之說：一為法爾恆常本，一為分流廣本，一為分流略本。法爾恆常本，不能顯於紙墨。另外兩本，據唐代海雲禪師《兩部大法相承師資付法記．下卷》所載，廣本十萬偈，若依梵本具譯可有三百卷；廣本在西國，不到此土；梵經略本四千偈經。善無畏等所翻譯的正是此略本。

在譯經過程中，沙門寶月精通梵文，擔任語譯；善無畏誦讀經文，極其謹慎，每一章節都重複三遍。但是，歷來翻譯者的譯文眾多；一行擔任筆受，負責刪繁就簡，整理修辭。其整理的譯文，語言優美，語意深遠，既符合佛陀本意，又能契合民眾根機；一行潤筆後的譯文，最能達到利益眾生的方便效果。經文譯出後命名為《大毘盧遮那成佛神變加持經》（簡稱為《大日經》），共七卷。

一行等人隨後又譯出《蘇婆呼童子請問經》和《蘇悉地羯羅經》各三卷，以及《蘇悉地羯羅供養法》二卷；《蘇悉地羯羅供養法》實際上是善無畏依《蘇悉地經》新撰的。善無畏所譯《大毘盧遮那經》中的密咒，完整傳達梵文發音，是逐字逐句對譯下來的；《供養法》中的密咒也是如此逐字逐句對譯。後世的不空和尚學習採用了這種逐字逐句對譯的方法翻譯經典，獲得了良好的傳授效果。

《大日經》譯出來後，一行又請善無畏講解《大日經》經義，並參考大小乘經論，最後撰寫成《大日經義釋》十四卷；後世流傳中，也有轉抄成《大日經疏》二十卷的。

《大日經義釋》有十四卷，《大日經疏》為二十卷，兩部經文在編排上存在卷數上的差異。就《大日經疏》中的天文學內容而言，卷四的〈入曼荼羅具緣真言品第二之餘〉中有一段「定良日晨」的內容，介紹密教中如何選擇適當日期和時刻來結各種不同的曼荼羅修行。在這段經文中，一行多次提到了「西方曆法」——用印度的天文曆法來解釋經文中對時刻的規定，也直接說明一行所接觸到的印度曆法內容，所以非常重要。

這段經文，在《大日經義釋》中排在卷三〈入曼荼羅具緣真言品第二〉。根據《卍新纂續藏經》所載兩部經文的這部分內容來看，除了有個別用字的差異，內容以及曆法所用的專有名詞等都是一致的。

另外，《開元錄》記載，開元八年（西元七二〇年），金剛智從南印度來華，隨即開始廣弘密教，建立曼荼羅壇場。如法建立的曼荼羅壇場完成時，天降祥瑞吉兆，很多人都從中感受到靈瑞，感歎金剛智所傳密法的神奇。一行仰慕金剛智的密法加持力，故數次向金剛智請教密法相關內容，金剛智皆一一指導，之後收一行為徒，為其立壇灌頂。

一行跟隨金剛智修學三年後，即開元十一年（西元七二三年），一行見機緣成熟，於是祈請金剛智翻譯《金剛頂經》，譯場設在資聖寺；在金剛智翻譯經典過程中，一行亦在其中參與輔助，共同完成經典翻譯工作。隨後陸續翻譯出《金剛頂瑜伽中略出念誦經》（即《瑜伽念誦法》）四卷，《佛說七俱胝佛母准提大明陀羅尼經》（即《七俱胝陀羅尼》）一卷。翻譯過程中，由東印度婆羅門大首領直中書伊舍羅譯語，嵩嶽沙門溫古筆受。

還有時間不明、但經文中有提到一行參與翻譯的有：《金剛頂經毘盧遮那一百八尊法身契印》一卷，《曼殊室利焰曼德迦萬愛祕術如意法》一卷（此卷經文標為「撰譯」）。

在善無畏和金剛智的譯經歷史記載中，諸如譯經過程及具體參與人數等細節並沒有詳細記載，只記載所譯佛典的經名；但一行作為善無畏和金剛智的共同弟子，並精通梵文，常隨行於其師左右，其參與翻譯經典的次數應該不止於僅有記載的寥寥幾次。至於因一行祈請而翻譯的《金剛頂經》和《大日經》，則成為唐代密宗的根本經典。

一行在擔任國師、並翻譯經典的期間，也負責為佛教界選拔僧才。據《宋高僧傳．卷五》記載，當時一行禪師擔任國之師匠，負責選拔過濾，看將來誰應該去除資格、又誰能擔負如來家業？於是奏召天下英才，將學兼內外的出家僧眾匯集於洛京（洛陽）福先寺，大建論場。

道氤（註四）為大眾所推崇，首先登上法座，於《瑜伽》、《唯識》、《因明》、《百法》等論，建立大義六科，座下眾多論師沒有一個能駁倒他，大家都對道氤很是佩服。此時，一行很是驚訝，說道：「佛法棟梁非你莫屬！有了你這個可託付之人，我死而無憾啊！」

於是，道氤得到玄宗重視，大駕西還時，便讓道氤作為隨同一起回西京。當時道氤正好身子不舒服，官差上報玄宗皇帝，玄宗於是派中使過來探望，賜與良藥和藥方，並付詔書說：「法師好好休息。朕的藥和方都是上好的，服食即見效。等法師康復，希望能早日來西京。」可見玄宗對道氤的重視。

另外，一行圓寂之後，開元十六年七月三十日，道氤受玄宗皇帝所勅，為寫〈設齋贊願文〉，在文中為一行的捨報大感悲傷，祈願一行再來：「安養世界，一見彌陀；還向閻浮，濟人護法。」

【註釋】

註一：玉泉寺是中國佛教天台宗祖庭之一，智顗大師在此創立天台宗，其重要代表著作《摩訶止觀》、《法華玄義》均在玉泉講演結集，在中國佛教史上留下「東土釋迦」、「九旬談妙」等佳話。

玉泉寺也是禪宗北宗祖庭唐國師神秀的道場。唐代儀鳳年間（西元六七六至六七八年），神秀自黃梅來到玉泉寺，在寺東開闢道場，駐錫傳禪二十餘年。自唐以來，玉泉寺教、律、密、禪、淨兼修，諸宗競秀，各派流光，高僧輩出。

註二：福、祿、壽三顆星，即獵戶星座的參宿一、參宿二和參宿三。三顆星排成橫線，就像繫在獵人身上的腰帶，所以叫腰帶三星；腰帶三星從左至右為「壽星」、「祿星」、「福星」。每年春節期間，夜空中三星耀眼，民諺云「三星高照，新年來到」，意味著「闔家團圓，吉祥如意」。

註三：「金剛界」、「胎藏界」為密宗術語。金剛界以《金剛頂經》為根本經典，胎藏界以《大日經》為根本經典。金剛界、胎藏界合稱兩部大法，或兩部純密，形成唐密的主體。

大日如來的理智境界，就是眾生色心的實相；「智」法身的世界叫做「金剛界」，「理」法身的世界叫做「胎藏界」。如來的智慧，其體堅固不可壞，能摧破一切煩惱，所以喻為「金剛」，界是體性。「胎藏」有含藏或攝持之義；一切眾生，本來都有含藏如來的理性，有如母胎之長養胎兒，所以稱為胎藏。

「金剛」是表現「智」，「胎藏」是表現「理」，把「理智不二」的境界，表現為「金胎不二」的曼荼羅。理的世界不變，智的世界有無限的活動變化；不變中有變，變中有不變，動靜一如，此即理智不二的世界，金胎兩部曼荼羅就是理智不二的象徵。兩部曼荼羅的主尊，都是大日如來。

註四：道氤（西元六六八至七四〇年），俗姓長孫，今陝西高陵縣人。自幼聰敏好學，「應進士科，一舉擢第」，榮耀親里。後遇梵僧相談，乃入長安招福寺出家，受慎言律師剃度。受大興善寺復禮法師之囑，寫《西方贊》一本，稱為「奇才秀句」之作。唐玄宗時，受請在天宮寺開講所著《淨業障經疏》。

一行禪師在洛陽福先寺奏建論場時，道氤首登講座，眾師驚服。開元十八年，玄宗在興慶宮花萼樓召集佛、道二教辯論二教優劣。道氤「雄論奮發，河傾海注」，道士尹謙「對答失次，理屈辭單」。玄宗歎羨，賜絹五百匹，並將言論集成《對御論衡》一本，盛傳於世。後又撰《大乘法寶五門啟教》、《信法儀》各一卷，《唯識疏》六卷、《法華經疏》六卷、《御注金剛經疏》六卷，並於青龍寺講新疏，聽者常達千人。又在西明、崇福二寺講經說法，盛況為最。開元二十八年十月六日病卒，終年七十三歲，葬於終南山陰逍遙園側，造白塔以示敬尊。

第三章　修造曆法

開元中，僧一行精諸家曆法，言《麟德曆》行用既久，晷緯漸差。宰相張說言之，玄宗召見，令造新曆。

我國是世界上最早出現成文曆法的國家之一。在先秦時期便已制定對指導農業生產十分有效的「陰陽曆」，既根據太陽的運行週期來確定「年」的日數，又根據月亮的圓缺變化的週期來確定「月」的日數。

但由於十二個朔望月只有三百五十四天，比一個回歸年（三百六十五點二五天）要少十一天多，三年後就相差一個多月；不到九年，四季就將與實際氣候完全不符了。古人用設置閏月（即隔若干年增加一個月）的辦法來解決這個矛盾，並不斷總結置閏規律，先後出現過三年一閏、八年三閏、十九年七閏的方法。南朝時期，祖沖之採用三百九十一年置一百四十四閏的方法。

但無論怎樣改進置閏的推算，只能趨近合理，無法完全解決誤差問題。所以，古代曆法預報季節只有相對的精確性，需要不斷改革；到了一行所處的年代，已經出現過的曆法有二十三部之多。

唐朝早期沿用的是《麟德曆》。《麟德曆》是高宗麟德二年（西元六六五年）頒布的，為當時大天文學家李淳風在隋代天文學家劉焯編制的《皇極曆》之基礎上補充制定而成。對於當時來說是一部相當不錯的曆法，所以從高宗時期起歷經三代，總共半個多世紀都採用此曆法。然而，《麟德曆》沿用時間久了，也產生了頗大誤差，最明顯的莫過於對氣朔和日月食的預測誤差。

開元九年（西元七二一年），太史頻頻上奏：用當前曆法計算的日食日期不準確。據《舊唐書・曆志一》記載，一行曾說，當時的《麟德曆》行用已久，晷緯漸漸出現差錯。於是，宰相張說對玄宗說起此事，隨後玄宗召見一行，並命令一行主持修訂新曆法。

創改遊儀

開元九年，一行受命改製新曆後，繼承我國天文學上的優良傳統，主張在實測的基礎上編訂曆法。一行第一時間是想更詳細地確定黃道的參數；然而，當時太史局並沒有黃道遊儀。黃道遊儀是用來觀測日、月、星辰的位置和運行情況的天文儀器，是渾儀（天文觀測儀器）的一種。

當時的率府兵曹參軍梁令瓚擅長機關術，於是用木材製造遊儀。一行見後肯定了令瓚的成果，於是上奏玄宗：「黃道遊儀，古代有這種算術，但並沒有製造出符合要求的實物。前人苦思冥想，都沒能找到根據黃道遊儀算法、製成實物遊儀的方法。現在令瓚所製作的遊儀，對日月交替的模擬都與自然之道契合，而且操作簡單，對推廣很有幫助。請求換成銅、鐵等材料製作。」

開元十一年（西元七二三年）金屬材質的黃道遊儀製作完成。一行又稟報：「靈臺鐵儀，後魏時期有用斛蘭製作而成儀器，規則制式樸素簡略，刻度不均勻，表示赤道的部件不能活動，猶如膠柱。用以考證月亮的行跡，不但速度慢，而且所得結果多有誤差，多的或差至十七度，少的差錯不少於十度，不足以精準地測量天象、為人民授時。

李淳風的黃道儀，以玉衡旋規，另外帶有日道，傍邊列出二百四十九交叉點，用於追蹤月亮的運行軌跡；這種遊儀用法很複雜，操作起來要耗費整夜時間。

臣現在改製的遊儀，使表示黃道的部分運行，以追列舍之變，因二分之中，以立黃道，交於奎、軫之間，二至陟降，各二十四度；黃道內施於白道的月環，用於研究陰陽朓（農曆月底月亮在西方出現）朒（農曆月初月亮在東方出現）。儀器運作符合天象的運行規律，簡單而且容易操作，可以制器垂象，永傳不朽。」

玄宗稱讚有加，並親自為遊儀作序銘。黃道遊儀的成功，解決了「無由測候」的矛盾。測候結果，證實了恆星的位置較上古有移動；一行以此成果畫成三十六張圖，深得玄宗的贊許。一行用它測量二十八宿距天球極北的度數，在世界上第一次發現了恆星位置變動的現象，比歐洲要早約一千年。

接著，一行又受詔和梁令瓚等人製作改造「渾天銅儀」。渾天儀是我國古代天文的重要儀器，創始於西漢武帝時的洛下閎（註一）。東漢安帝劉祜元初四年（西元一一七年），張衡（西元七八至一三九年）將渾天儀改用漏水來轉動；漢以後，又經過累次改進。這一次，經過一行和梁令瓚的努力，將其改造得更加完美。

《新唐書．天文志》記載一行製作的渾天儀為：以圓作為天之象，具列宿赤道及周天度數。注水激活齒輪，令其得以自轉，一晝夜為運行一周天。外圍鏈接有二輪，綴以日月標誌，令其得以運行。

每天向西旋轉一周，日標東行一度，月標行十三度十九分度之七，二十九轉有餘而日月相會，三百六十五轉而日周天。以木櫃作為地平線，令儀器半藏於地平線下，對月亮的晦明朔望等變化能準確表示。立木人二於地平上，其中一人前面放置鼓，用以報刻，每到一刻鐘時就會擊鼓報刻數；其中一人前面放置鐘，用以報時，每到一個時辰也會自動撞鐘報時。皆於櫃中各施輪軸，鉤鍵關鎖，交錯相持。

渾天銅儀被置於武成殿前面，向百官展示。不過，運行不久後便因銅鐵漸澀、不能自轉，隨後藏於於集賢院。

另外，渾天銅儀具有自動報時功能，該功能並非一行首創，可能是參考了印度的蓮花漏。

宋人的《樂邦文稿》中提及，東晉慧遠弟子慧要曾經製作過十二葉木蓮花，中間藏有機關，一個時辰折一葉，被人稱為蓮花漏。唐人釋神清贊其「晷景無差」，並在夾註部分指出，慧要擅長機關，曾做木鳥，能飛數百步。

義淨在《南海寄歸內法傳》中記載，印度的計時方法是漏水，銅碗底部開小孔放置在銅盆內，水漏滿之後下沉，一碗即一鼓，四碗成一時，晝夜共八時。中國將一木分為百份，豎放於銅盆中，滴水漸滿，借助浮力將木頭浮出，上刻十二獸作為十二時辰標誌。可見，一行的渾天銅儀是有參考印度的計時方法；不過，一行結合蓮花漏，創造出如此精良的渾天儀，也是一大創舉。

英國著名科技史家李約瑟（Noel Joseph Terence Montgomery Needham）博士在《中國科學技術史・第四卷》中說，高僧一行和梁令瓚所發明的平行聯動裝置，實質上就是最早的機械時鐘，是一切擒縱器的祖先，走在歐洲十四世紀第一具機械時鐘的前面。這是世界上最早將擒縱應用於報時的裝置，比西元一三七九年西方出現的威克鐘要早六個世紀，充分顯示了一行等人的聰明才智。

測量子午

開元十二年（西元七二四年），即黃道遊儀製成後，一行隨後發起和組織了一次大規模的天文測量活動，測量內容包括二分（春分、秋分）、二至（冬至、夏至）、正午時分八尺之竿（表）的日影長、北極高度（天球北極的仰角）以及晝夜的長短等。

為了使各個測量點能準確測出冬至、夏至、春分、秋分四天正午時刻的日影長度和漏刻晝夜分差，一行還創制了另一種新的測量儀器——「覆矩」。據《周髀算經．卷上》記載，周公向數學家商高請教「用矩之道」，商高回答：「平矩以正繩，偃矩以望高，覆矩以測深，臥矩以知遠，環矩以為圓，合矩以為方。」

從史料及出土文物考證，「矩」是我國古代一種用途很廣的製圖工具和測量工具，很像木匠的「曲尺」；矩邊上還有刻度，可直接用以畫直線、直角、測量長度。

至於「覆矩以測深」，當理解為把矩邊向下，據其刻度及相似三角形的原理測量深度。但是，一行的覆矩卻不是用來測量深度的。據《舊唐書．天文志》記載，「以覆矩斜視，北極出地三十四度四分。」由此可見，其用途是測量北極仰角的。

據有的學者推測，在「覆矩」的頂點繫一鉛錘，在直角安裝一個由零度到九十一點三一度（因古時以圓周為三百六十五點二五度，故直角為九十一點三一度）的分度器就成。使用時，把覆矩的一個指定邊直指北極，使此邊正好在人眼和北極的連線上，則懸掛重錘的線即能在分度器上指示出北極的高度來。

據《新唐書．天文志》記載，一行還根據觀測數據繪製了《覆矩圖》二十四幅，南自丹穴、北至幽都。同時，根據測量數據，一行還計算出，北極高度差一度，南北兩地相隔三百五十一里八十步，合現代的長度是一五一〇七公里。這個數據，實質上就是地球子午線（就是經線）上一度的長；雖然不十分精確，卻是世界上大規模測量子午線的開端。後來，昭宗李曄時代（西元八八八至九〇四年）的天文學家邊岡重訂曆法，認為《覆矩圖》非常精確，是不可磨滅的作品。

在國外，最早實測子午線的是阿拉伯天文學家阿爾．花剌子模（Al-Khwarizmi）等人在西元八一四年進行的，比中國晚九十年。

一行發明的「覆矩」，是一種簡便的測北極高儀器，它在天文大地測量中產生非常重要的作用。一行還建造天文臺，徹夜觀察星宿的變化，測出一百五十多顆恆星的準確位置。發現恆星的黃道座標與古代曆法記載有出入，於是提出恆星位置在天體中不斷移動的學說，修正了自漢代以來沿襲了八百多年有關二十八星宿位置的論點，從而引起人們對恆星變動的觀察注意。

在這次天文測量中最有特殊意義的，是從白馬（今河南安陽市滑縣）到上蔡（今河南駐馬店市上蔡縣）一線的四點大地實測，得出北極高差一度，相應南北地面距離即子午（經）線一度弧長三百五十一里八十步這一重要結論。除了當時在測量中天文與氣象物理因素（諸如太陽視〈東升西落的軌跡〉半徑、蒙氣差〈大氣折射〉和視差等）的條件限制外，能在一千二百六十多年前測出這樣高的精度，是十分難得的。

在駁斥世代沿襲的「王畿千里，影差一寸」的錯誤說法時，一行指出：「凡日晷之差，冬夏至不同，南北亦異；而先儒一以里數齊之，喪其事實。」他不僅糾正了前人在數值上的謬誤，更重要的是，從宇宙結構的高度指出這種論點本身就不能成立。因為，冬至日影和夏至日影差本來就不該相同；距離相等的高緯度地區和低緯度地區，日影也不會完全一樣。這就從根本上否定了古人的「蓋天說」。

經由此次實地測量，為計算地球大小提供了實測數據，為後起的天文大地測量學奠定了基礎。當時所用的觀測天文來校正漏刻計時，以北極高差來驗證地面里差的方法，堪稱現代測時工作和大地測量工作的先驅。

由於大規模地進行實地測算，驗證了南北各地晝夜長短不同的情況；推行各地不同的漏刻制度，從而為改進曆法提供了科學依據。在此基礎上，一行編成《大衍曆》（註二）。這部新曆較為準確地闡明了地球圍繞太陽運行速度的規律，提出了正確劃分二十四節氣的方法，對科學解釋天文現象，促進農業生產的發展，都起了重大作用。

後來，太史令用靈臺候簿核對，證明與《大衍曆》相合的達十分之七、八。所以《新唐書．曆志》云：

自太初（漢武帝劉徹年號）至麟德（唐高宗李治年號），曆有二十三家，與天雖近而未密也；至一行，密矣。其倚數立法，固無以易也；後世雖有改作者，皆依仿而已。

北宋著名科學家沈括（西元一〇三一至一〇九五年）也說：「開元《大衍曆》最為精密，歷代用其朔法。」

唐代道士刑和璞曾經對尹愔說道，一行禪師是真正的聖人。漢代的洛下閎造《太初曆》的時候就預言，過八百年《太初曆》當有一天的誤差，那個時候必然有聖人出現改訂；而今年正好是洛下閎造《太初曆》並預言的第八百年，正是一行糾正了《太初曆》的差謬。看來，洛下閎的預言非常準確。

調整分野

一行對傳統的分野理論，做出了一些調整。「十二分野」之說源於古代中國對星辰的自然崇拜。古代中國星占學的觀點認為，人間禍福同天上星象有聯繫，因而根據星辰的十二星次（後亦根據二十八星宿）將地上的州、國劃分為十二個區域，使兩者相對應，並根據某一天區星象的變異來預測節氣和相應地區的凶吉。這種劃分，在天稱「十二分星」，在地稱「十二分野」。

「十二分野」體系中，十二分星、二十八星宿與地上區劃的對應關係，新舊《唐書》皆有記載，其內容可簡單整理如下：

地支	十二分星
子	玄枵
丑	星紀
寅	析木
卯	大火
辰	壽星
巳	鶉尾
午	鶉火
未	鶉首
申	實沉
酉	大梁
戌	降婁
亥	娵訾

二十八宿	十二分野
女、虛、危	齊分野、屬青州。
斗、牛	吳越分野、屬揚州。
尾、箕	燕分野、屬幽州。
氐、房、心	宋分野、屬豫州。
亢、角	鄭分野、屬兗州。
翼、軫	楚分野、屬荊州。
柳、星、張	周分野、屬周之三河。
井、鬼	秦分野、屬雍州。
觜、參	晉分野、屬益州。
胃、昴、畢	趙分野、屬冀州。
奎、婁	魯分野、屬徐州。
室、壁	衛分野、屬并州。

二十八星宿名稱為：

東方青龍七宿	北方玄武七宿	西方白虎七宿	南方朱雀七宿
角	斗	奎	井
亢	牛	婁	鬼
氐	女	胃	柳
房	虛	昴	星
心	危	畢	張
尾	室	觜	翼
箕	壁	參	軫

一行將自然地理對應天區的辦法，得到了後世的認同。中國歷史上的分野說各個時代不盡相同，除與二十八宿聯繫外，也有繫之北斗、繫之五星，或者根據「始封之日」，即歲星所在之辰而其國屬之等。顧清在《東江家藏集》中論述道：

秦漢以來，郡國之廢置不知其幾，而猶以往跡尋之，不已膠乎。故唐僧一行非之，以為天之雲漢實應地之山河……諸國之分列，或負險而用武，或四戰而用文，或負海而阜殖。其相屬也，以精氣為本而不繫乎方峪；其占測也，以山河為主而不泥於州國。此說行而群疑為冰釋矣。

顧清的評價具有一定的代表性。此外，一行的分野思想對後世產生了很大影響。宋人將這一地理觀念編制成名為《唐一行山河分野圖》的地圖。

一行所制定的曆法，對於後世有多項重大影響——

第一，為後世曆法的模範。

《大衍曆》曆議的第一部分，對曆法中的名詞進行解釋並對各項曆算參數做了說明。這部分工作，無論用詞還是對構造數據理由的解釋上，與《周易》的密切結合，使得這部部曆法的特徵相當鮮明。

「天數始於一，地數始於二，合二始以位剛柔。天數終於九，地數終於十，合二終以紀閏餘。」從易數角度的數字變化來構造曆法常數並解釋的做法，使得《大衍曆》不同於多數曆法。《大衍曆》因為直接援用《周易》大衍數的計算方法，所以對行星及季節變化的預測精準度，超越了自《太初曆》至《麟德曆》等二十三家曆法的水準，成為後世曆法的模範。

第二，正確運算太陽運動速度變化狀況。

根據《新唐書》記載，隋代傑出天文家劉焯（註三）對這種不均勻性作了進一步研究，提出了「盈縮躔衰術」；李淳風因襲之，取名「躔差」，其認為：太陽視運動「春分前一日最急（快），後一日最舒（慢）；秋分前一日最舒，後一日最急；舒急同於二至，而中間一日平行。」

一行根據此次獲得的各地全年二十四節氣觀測的實際數據，指出劉焯這個說法不符合實際。實際情況應該是冬至時最快，後漸慢；到春分時持平，後仍漸慢；到夏至時最慢，後漸快；到秋分時又持平，後仍漸快，到冬至時最快……如此循環往復。而且，一行還認為，太陽運動速度的快慢是漸變式而不是突變式。這些都糾正了隋代劉焯以來對太陽視運動急舒規律描述的失誤。一行是我國歷史上把對太陽運動速度的認識引上正確軌道的第一人。後世曆家無不遵循其說，並不斷有所改進。

與此有關的是關於冬至時刻的測定。一行在陽城做了十分認真的測影工作；在此基礎上，依據祖沖之的冬至時刻計算法，計算出開元十二年十一月癸末日九十九刻（即西元七二四年十二月十八點九九日）為冬至時刻，這一結果與現代科學家們測算的理想值完全吻合。有這樣高精度的冬至時刻作基礎，一行新曆的二十四節氣時刻、以及其他一切與太陽運動有關的曆法問題，其計算精度便大大提高了。

第三，使「歲差」成為定論。

東晉虞喜發現歲差時，計算出太陽冬至點約五十年移動一度（合每年一分十一秒），比今測值約七十七年移一度（合每年四十六秒）大了些。南朝何承天認為太大，改為每百年移動一度。祖沖之第一次把歲差概念正式引進曆法。隋代劉焯對虞喜和何承天的數據進行了研究，認為兩者都不合適。他取二者的平均值，推定每七十五年移一度，合每年四十七秒多，這已相當接近今人測值了。此時，歐洲人仍認為百餘年差一度。

但是，到了大唐貞觀之治時，著名的天文曆算學家李淳風和王喜通等都不相信歲差，並在實踐中否定歲差的存在，結果「歲差之術，由此不行」，這是一次嚴重的倒退。一行對這方面的貢獻在於，他根據這次實測的精確數據，又通過對大量歷史記錄的詳盡考察，寫出長達萬餘言的「歲差論」；以無可辯駁的事實和嚴密的邏輯論證了歲差的客觀真實存在，由此糾正了李淳風等人的錯誤，恢復了「歲差」的概念，結束了虞喜發現歲差後四百年來的反覆，使歲差成為定論。

其次是，一行又論證了制曆必須根據歲差之值來修正有關數據，這是提高曆法精確度的重大問題，這一點對於唐宋以後的曆法產生了很大影響。遺憾的是，一行由於要遷就他的太衍曆法，結果推算的歲差數據為八十二點七二年退一度（約等於四十二分九秒），反不及劉焯的數據精確。

第四，「定氣」概念的正式提出，和「不等間距二次內插法」的發明。

基於對太陽不等速運動狀況的科學結論，一行明確提出「定氣」概念，即以太陽運行在天空的實際位置來定二十四節氣。

劉焯已知前人的「平氣」說（將一年平分為二十四節氣）不合理，但仍以「平氣」為基礎，利用等間距二次內插法公式進行計算。一行在此基礎上，憑藉他深厚的數學功底，創立了適應定氣的「不等間距二次內插公式」，這就是在數學史上有其輝煌地位的「僧一行內插法公式」。

國外最早使用內插法（interpolation method）的數學家，是印度的婆羅摩笈多（Brahmagupta，西元五九八至六六八年）；雖早於一行，但只是像劉焯那樣的等間距二次內插公式。中亞著名數學家阿爾．比魯尼（Abu Rayhan Muhammad ibn Ahmad al-Biruni，西元九七三至一〇四八年），也用等間距二次內插法公式計算正弦函數值和正切函數值，但這已在僧一行兩百多年之後。至於歐洲，直到十七世紀才有人使用內插法。所以，一九五六年九月在義大利召開的第八屆國際科學史年會上，中國數學史家李儼教授介紹僧一行、郭守敬等內插法方面的成就時，引起與會各國專家的極大關注。

第五，關於日月交食的新理論和創見。

我國古代對日、月食有著豐富系統的觀測記錄，對其成因和規律進行了長期深入的探討，取得了很多成就。一行的新貢獻有：

（一）完善了同一時刻發生的日食、不同地區所見食分不同的觀念。開元十二年閏十二月初一發生日食，當時天文測量還沒有結束，就在南北幾千里的大範圍內同時進行觀察；結果，在首都長安附近看到全食，在較南的地方只看到偏食，而在龍編一帶（今越南）則根本看不到日食。一行比較分析了在這以前的日食記錄四十三次、月食記錄九十九次，明確指出「月亮比太陽離地球近」是造成這一現象的原因。

（二）首創不同地區任意時日的食差計算法。因為黃道與白道不在同一平面，所以只要日、月離黃白交點夠遠，就不可能發生交食。能發生交食的最大距離叫「食限」；東漢劉洪以後，歷代對食限的計算越來越精確。但後來人們又發現，有已入食限而不發生食，未入食限卻發生食的現象；這是由於「視差」

的影響。

「視差」的影響與觀測者所處的地理緯度和月亮的位置有關，而月亮的位置又與季節和每天的時刻有關。劉焯的《皇極曆》只對某一固定地點給出了計算方法，而一行則對不同地理緯度的地方和不同季節都分別進行考慮，創立了「九服食差計算法」，彌補了以往曆法交食推算僅限於某一地點有效的不足，從而可使曆法適用於全國各地。這是我國曆法史上劃時代的創舉。

第六，研究五星運動的三項創新。

（一）一行最早提出五星——金、木、水、火、土——運動的軌道與黃道並不重合，兩者之間存在一定夾角的概念，而且給出了計算五星位置在黃道南或北的具體方法。

（二）一行最早提出五星近日點「進動」（類似歲差）的概念，並給出了五星近日點每年的進動值。在此基礎上，一行建立了五星近日點在黃道上的經度的計算方法。

（三）他最先編制了以五星近日點為起算點，每經十五度給出一個五星實際行度與平均行度之差的數值表格，以此取代北齊張子信以來每經一個節氣給出一個相應數值的初始方法。

這三項創新，為後世曆家的進一步探索開拓了正確方法，標誌著我國古代對於五星運動研究進入了一個嶄新的時期。

第七，晷長與刻漏的測算新成就。

一行在《歷經．步晷漏術》中，列出了陽城二十四節氣午正日影長和晝夜漏刻長度的數值表。

這雖然是一行為了解決太陽的位置變化與八尺高表的影長變化，這一特定的天文學問題而列出的數值表格，卻是世界上最早的「正切函數表」，是一行所創造之又一個世界第一的成就。找到了太陽位置與影長的正切函數關係，就可以測定全國任一地方、任一時刻八尺高表的影長值。

第八，對恆星位置的重新測定。

我國最古老的三家星表，記錄著以巫咸、石申、甘德為代表的古代星象家觀測到的恆星及其確定位置（用入宿度、去極度和黃道度來表示），以後歷代有所增補。到三國時，陳卓將各派占星家所測定的星座並同存異，綜合編成一個具有二百八十三個星座、一千四百六十四個恆星的星表，一直為後世天文家奉為圭臬。這些恆星特別是為研究日、月、五星運動而定的坐標系——二十八宿的位置；如果測得不準確，其影響之大可想而知。

貞觀中，李淳風為制定《麟德曆》而進行的觀測中，雖已發現二十八宿距星間的距離有變化，但他在這個問題上陷入了保守，在他的曆法中仍沿用漢代所定的數據。

一行這次用黃道遊儀重新測定一百五十多顆恆星的位置，把測得的數據和漢朝的數據相比較，發現二十八宿距星去極度均有變化，另二十三個星座亦有明顯變化。於是，一行果敢地在自己的曆法中，革除了沿用幾百年的陳舊數據，改用了自己測定的數據。這是中國天文學史上第一次打破以往認為恆星位置永恆不變的觀念，引起了後世對恆星位置觀測研究的重視，這是十分有意義的。

第九，開創了正確的黃道畫法。

我國古代天文觀測家有一個好傳統，即用繪製星圖的辦法來認識和記錄天空中的星座位置，要求它能完整而準確地反映星空的實際現象。但是，古代的星圖都是以天北極為中心的圓圖，能較逼真地反映北部星空的實際現象；用它來反映全部星空，便發現了星宿位置失真，離北極越遠、失真越大，特別是黃赤道附近，尤其是赤道以南的星宿。這就大大削弱了星圖對天文工作的價值，非改進不可。

在中國星圖發展史上，僧一行是首先明確指出圓圖失真的缺點並著手改進的第一人。眾所周知，黃道與赤道不在一個平面上，相交互成約二十四度角。最初，古人星圖上已經將赤道畫成一個正圓，這是正確的；因為，赤道上每一點距天北極的距離相等。後來發現，經星七曜皆行黃道後，也把黃道畫成一個正圓，因而造成與實際天象不符。因為，黃道除了與赤道相交的二分點外，夏至點在赤道北二十四度，距天北極最近；冬至點在赤道南二十四度，距天北極最遠。

一行發現了問題的癥結所在，他先將赤道按二分、二至點的位置分成四大段（四季），每一大段再均分為三小段（每季三月），每小段再均分為六等分（每月六候），共得七十二等分（七十二候）。

然後，用一分寬、半分厚、長與圖相等的小竹篾，在其上刻上七十二個天北極到黃道的不同度數，用它在圖上量出相應於赤道的每個分點之黃道分點的實際位置，這樣就得到七十二個分點。最後，用圓滑的曲線將這七十二個分點連接起來，就得到真正的橢圓黃道圖。後來，一行又用同樣的描點方法繪出了月亮運行的白道圖。

一行創立之黃道畫法的客觀影響是巨大的，它啟發和推動後人從根本上改進星圖的結構。宋代史官歐陽文忠（修）曾說，從太初到麟德的曆法總共有二十三家，雖然大都接近真實，但是還有缺陷，直到天師一行才真正完善了曆法。一行依照數術精算立法，幾乎不可更改；後世雖然有所改訂，然只是效仿而已。

一行的貢獻，大大推進了中國天文學的發展，使中國在西元八世紀，就出現了圓橫結合的新的星圖模式（《敦煌星圖》），以及後來北宋的《蘇頌星圖》，使中國星圖始終走在世界前列。李約瑟博士寫道：「歐洲在文藝復興以前，可以和中國天文製圖傳統相提並論的東西，可以說很少，甚至簡直沒有。」任何科學思想都有它的傳承關係，一行在中國星圖史的關鍵作用和地位是應該肯定的。

西元七三三年，《大衍曆》傳入日本，於天平寶字七年（七六三年）施行，在日本又使用了將近一百年。

一九六四年十一月九日，由中國南京紫金山天文臺發現的「小行星一九七二」，後被命名為「一行」小行星（一九七二 Yi Xing），以紀念一行在天文學方面的成就。

【註釋】

註一：洛下閎（西元前一五六至前八七年），複姓洛下，名閎，字長公，巴郡閬中（今四川省閬中市）人，中國古代西漢時期的天文學家，《太初曆》的主要創立者，渾天說創始人之一。

註二：《大衍曆》最突出的貢獻，是比較正確地掌握了太陽在黃道上視運行速度變化的規律。古代天文學家一直認為太陽運動速度是均勻的，他們把黃道等分做三六五點二五度，認為太陽每天勻速地走過一度。一行通過測算後提出，太陽在冬至運行速度最快，以後逐漸慢下來，到夏至最慢，夏至以後的情況和夏至前的情況相反。一行的認識是比較符合實際的。根據一行等人的測算，從冬至到春分，太陽運行三六五點二五度的四分之一，大約九一點三一度，交了六個節氣，共用了八八點八九日；從春分到夏至，太陽也走過九一點三一度，共需九三點三七日；秋分前後的情況和春分前後相同。這就用具體數據表明，每二氣之間黃道上的度數相同，而時間間隔是不等的。

一行進一步創造了不等間距的二次內插法公式，不僅對天文計算有重要意義，而且在世界數學發展史上也具有一定的意義。

《大衍曆》是一行在全面研究總結古代曆法的基礎上編制出來的。它把過去沒有統一格式的我國曆法歸納成七部分：第一，計算節氣和朔望的平均時間（步中朔術）；第二，計算七十二候（五日算一候，用鳥獸草木的變化來描述氣候的變化）（步發斂術）；第三，計算太陽的運行（步日躔術）；第四，計算月亮的運行（步月離術）；第五，計算時刻（步軌漏術）；第六，日食和月食的計算（步交會術）；第七，計算五大行星的運行（步五星術）。這種編寫方法，內容系統，結構合理，邏輯嚴密，因此在明朝末年以前一直沿用。

註三：劉焯（西元五四四至六一〇年），隋朝天文學家。劉焯的著述有《稽極》十卷、《曆書》十卷、《五經述議》等書，後散失。清馬國翰《玉函山房輯佚書》中輯有《尚書劉氏義疏》一卷。唐魏徵《隋書·儒林》中介紹劉焯說：「論者以為，數百年以來，博學通儒，無能出其右者。」現代歷史學家範文瀾在《中國通史·第三冊》中寫道：「隋朝最著名的儒生只有劉焯、劉炫二人。」

劉焯精通天文學，他發現隋朝的曆法多存謬誤，多次建議修改。公元六〇〇年，他創《皇極曆》，首次考慮到太陽視運動的不均性，創立「等間距二次內插法公式」來計算日、月、五星的運行速度。推日行盈縮，黃道月道損益，日月食的多少及出現的地點和時間，這都比以前諸曆精密；「定朔法」、「定氣法」也是他的創見。《皇極曆》推定的每七十六點五年春分點在黃道上西移一度的歲差，與現行數值非常接近。由於劉焯所著曆書與當時權威人士太史令張冑玄的天文、曆數觀點多有不同，故嘔血而成的《皇極曆》被排斥、不得施行；然而，該書提供的天文曆法在當時是最先進的。歷史證實，劉焯研究天文學已有相當高的水平；唐代高宗時，李淳風就是依據《皇極曆》造出了《麟德曆》，被推為古代名曆之一。

第四章　壯年遷化

開元十五年十月八日，隨駕幸新豐，身無諸患，口無一言。忽然浴香水，換衣，趺坐正念，怡然示滅。

開元十五年九月，一行在華嚴寺病重，仍強支病體，進宮向皇帝告辭。這天夜裡，玄宗夢見自己飛行在寺院上空，俯視下方，看見一片破敗景象；早晨醒來派人驗看，原來一行病危。於是下令讓京城裡的名僧舉行盛大法事，為一行祝禱平安，一行的病或許因此稍好轉。

十月八日，一行顯得身體康復，突然用香水沐浴，更換潔淨衣服，然後趺坐入定，平靜地去世了。

另有一種說法。一行辭別玄宗後，便東去嵩山拜見師父普寂。當時河尹裴寬正在普寂處，普寂說：「有些事要處理，稍後再敘，您先請休息一下。」說罷便親自灑掃庭院，然後在堂上燃香靜坐，似乎在等待什麼。

一會兒，僧徒拍門報告說：「天子師父一行和尚來了。」一行神情恭敬嚴肅，先伏在地上拜觸普寂雙足，然後又靠近普寂的耳朵竊竊私語，普寂不住點頭說：「可以，可以。」一行說罷，又行禮再三，然後緩步走下臺階，進入南廂房，閉緊門窗。這時，普寂睜開眼神悲憫的雙目，舉手示意僧徒，平靜地說：「去敲鐘吧，一行已經滅度。」

旁邊的僧眾如聞霹靂，急忙跑去南廂房，看見一行瞑目而坐，紋絲不動；一探鼻息，已經入寂。於是弟子們大放悲聲，撼動山谷。

玄宗制碑

一行享年四十五。皇帝聽聞其去世消息後，哀哭其圓寂速疾，輟朝三日進行哀悼。一行的靈柩停放了二十一天，容貌如生。據《舊唐書・一行傳》記載，唐玄宗賜謚曰「大慧禪師」，並為一行撰寫碑文，親自書寫於石碑上；由內庫出錢五十萬，為一行起塔於銅人原。

翌年（西元七二八年）三月，皇帝駕臨溫湯，經過一行靈塔之地，皇帝下車徘徊緬懷，並下令官員到達靈塔之處告知天師一行皇帝出行之意，賜封靈塔護養財帛五十疋，並令環塔栽種松柏。

唐朝李嘉佑有詩〈同皇甫侍御題薦福寺一公房〉，描寫唐玄宗在一行曾經居住過的薦福寺追憶一行的懷念之情：

虛室獨焚香，林空靜磬長；閑窺數竿竹，老在一繩床。

啜茗翻真偈，然燈繼夕陽；人歸遠相送，步履出回廊。

由此可見，一行在皇帝心目中地位之重要與崇高。

唐玄宗為一行所撰寫的碑文如下：

御制大慧禪師一行碑銘

禪師幼而希言，言必有中。長無暇日，日誦萬文。深道極陰陽之奧，屬辭盡

《春秋》之美（註一）。射策甲科，翔飛高蹈。

依嵩嶽僧寂（註二），深究禪門；就當陽僧真（註三），纂成律藏。予聞玄德，遠請來儀。展宿緣之冥愛，全幽人之繁履。

禪師以朕欽若靈天，故撰開元之曆；以朕敦崇聖道，故述大衍之贊。又於金剛三藏學陀羅尼祕印，登前佛壇，受法王寶；又於無畏三藏譯《盧遮那佛經》，開後佛國，滿大慈願。本為而來哉，將辨是而去矣。

善乎！為親出家，毀形無我，以拔濟幽難，是孝中亦有孝也；為君思道，吐血忘倦，以潤色鴻業，是忠外別有忠也。昔嘗順風咨度，乘日遊閑；發揮精至，討論典禮。

方期永喜，以親有德；天孤善願，奪我師賓！十五年前九月，於華嚴寺疾亟，將舉病入辭，少間而止。朕於此夜夢瞰禪居，見繩床施韝（繩床放置在室內），紙隔開扉。曉而驗問，一如所睹；意識往來，若斯感會。先集都城名德，為禪師設大道場，佛心證明，危疾果愈。

十月八日，隨行所在新豐（今陝西臨潼東北），身無諸患，口無一語。忽然浴香水，換潔衣，趺坐正念，恬如寂滅。四眾瞻悼，久方覺知，適爾為者，有往生之意也。乃命停神於罔極之寺，安塔於銅人之原，謚曰「大慧禪師」，崇稱首也。

自終及葬，凡經三七，爪甲不變，鬚髮更長。形共力持，色與心涸；十方億眾，贊仰稀有。唯當蓮葉下生，觀多寶於湧塔（註四）；龍華後會，禮迦葉於開山。予懷鬱陶（鬱：沉重；陶：哀思），寄詞糟粕。

偈曰：

自天聰明，經佛授記；彼上人者，兼善藝事。

文揭日月，術窮天地；舍有作心，發無上志。

萬品道諦，千門法華；總攝一燈，撥去三車（註五）。

我夢金人（註六），來鎮國家；祚增劫石，善集恆沙。

定住實相，慧行真宰；導予一人，化清四海。

正眼何促，供心莫待；交臂忽亡，結跏如在。
舍利堅固，法螺祭絕。見生滅者，寂豈生滅！
聞言說者，空何言說！道離見聞，銘示來哲。

身後諸事

據《新唐書．曆志》記載，一行臨終前，他的《大衍曆》只完成初稿；他去世之後，玄宗就命宰相張說和曆官陳玄景等人對初稿做進一步整理。他二人接旨後，經過十個月左右時間，到第二年（開元十六年，西元七二八年）八月完成，並且於這年八月十五上奏朝廷。從開元十七年（七二九年）起，每年按《大衍曆》編出年曆向全國頒行。《大衍曆》是當時最精密的曆法，頒行不久便受到全國老百姓的歡迎；但一行死後，卻在朝廷上遭到非議。

首先起來反對的，便是印度曆算專家、太史丞的瞿曇譔（註七）。一行受命改訂新曆的大規模工作開始以後，因為和一行意見不和，故沒有參加制曆工作。後來，一行成功了，舉朝稱譽，他心裡很不服氣，總覺得印度的《九執曆》才是最上乘的。

第二個起來攻擊《大衍曆》的，便是幫助張說整理一行遺稿的曆官陳玄景。本來，整理遺稿、分篇別卷、整理文字，完成五十二卷《大衍曆》，陳玄景是付出辛勞的；然而，上表署名者是張說，曆書署名者是一行，他可能因此心有不滿。

第三位是太子右司御率的南宮說。曾在一行領導下進行過子午線長度測量的南宮說，竟也支持瞿曇撰和陳玄景等人。南宮說反對一行的原因，其實也很簡單：《大衍曆》的空前成功，在一行去世後，種種桂冠都掛在一行頭上，皇帝的詔旨、銘文對南宮說隻字不提；他覺得，以他對《大衍曆》的貢獻而言，朝野對他的評價太不公平。

於是，開元二十一年（七三三年），南宮說、陳玄景、瞿曇撰上書朝廷，公開發難批評一行，指責《大衍曆》沒有充分吸取印度《九執曆》的經驗，導致許多不足和缺陷。

玄宗皇帝回想起當年他答應過張說：「用人不疑，疑人不用；若遇意見分歧，朝廷不加干預，讓他們公開辯論。有證於古，有驗於今，用靈臺實測的驗證來判斷是非。」於是，玄宗皇帝詔令，侍御史李麟和太史令桓執圭兩人去靈臺，取開元十一年以來全部觀測紀錄，仔細校驗大衍、麟德、九執三部曆法，然後將結果上報。

桓執圭很快地組織調查小組，將十年來的全部實際觀測數據與大衍、麟德、九執三種曆法所提出的理論和數據一項一項地認真核對、反覆校驗。經過校驗後終於得出結果：「大衍十得七八，麟德才三四，九執僅一二焉！其術繁碎，或幸而中，不可以為法！」這就是實踐檢驗結果：一行的《大衍曆》精確度最高，達到百分之七十至百分之八十，《麟德曆》僅及其半百分之三十至百分之四十；至於《九執曆》，其準確度差得更遠，還不及《麟德曆》的四分之一，僅僅有少數僥倖符合了而已，所以基本不能用。

在事實面前，南宮說、瞿曇撰、陳玄景啞口無言，一切誣蔑和詆毀都破產了。玄宗勃然大怒，因為這屬於誣告、陷害，情無可原，便令人將南宮說等人拿下，交付大理寺審理定罪！而《大衍曆》得以繼續使用。

位列祖師

一行阿闍梨對後世的影響主要集中在兩方面。一是天文方面的影響；關於這一部分，已經在前面曆法成就中有所介紹。二是佛教方面的影響，以下便簡略介紹一行在密法傳承方面的影響和後世對他的認可。

在中國對於密宗的傳承，《佛祖統紀》中列：「初祖金剛智灌頂國師，二祖不空灌頂國師，三祖慧朗灌頂法師」。明代《八十八祖傳贊》的附錄中，列瑜伽五祖：「初祖金剛智灌頂國師，二祖不空灌頂國師，三祖慧朗灌頂法師，四祖龍門無畏法師，五祖大慧一行法師」。在它的排列中，前三祖為金剛乘，後二祖為胎藏，將一行列為密教師祖。

在日本，對於密宗的傳承，據《御請來目錄》記載，平安時期大同元年（西元八〇六年）空海在歸國前，其師惠果「喚供奉丹青李真等十餘人，圖繪胎藏金剛界等大曼陀羅等一十鋪」，並對此十鋪繪畫有詳細記錄，分別是：大毗盧遮那大悲胎藏大曼荼羅一鋪（七幅），大悲胎藏法曼荼羅一鋪，大悲胎藏三昧耶略曼荼羅一鋪（三幅），金剛界九會曼荼羅一鋪（七幅），金剛界八十一尊大曼荼羅一鋪（三幅），金剛智阿闍梨影一鋪（三幅），善無畏三藏影一鋪（三幅），大廣智阿闍梨影一鋪（三幅），青龍寺惠果阿闍梨影一鋪（三幅），一行阿闍梨影一鋪（三幅）。其中，五位阿闍梨的畫像被命名為《真言五祖像》，可見當時尊一行阿闍梨為五祖之一。

《真言五祖像》傳到日本之後的第十五年（弘仁十二年，西元八二一年），被日本僧人補進龍猛、龍智兩位更早的密教傳法高僧，成為《真言七祖像》。

之後又加入空海畫像，形成《真言八祖像》。《真言八祖像》的形制也由此固定。

《真言付法纂要抄》中再列真言宗傳法師承時，這一流脈被補入了幾位阿闍梨。成尊的真言諸祖是這樣排的：

天竺：

第一高祖，常住三世淨妙法身法界體性智摩訶毗盧遮那如來；

第二傳法祖，金剛薩埵菩薩；

第三祖，龍猛菩薩；

第四祖，龍智菩薩；

第五祖，金剛智三藏、善無畏三藏。

大唐：

第六祖，大辯正廣智不空三藏、一行阿闍梨；

第七祖，法諱惠果。

日本：

第八祖，弘法大師空海。

這一格局，由此被排定。密教自印度傳入中國，繼而流傳日本。漢傳密教在中國歷宋而式微，而僧一行在日本真言宗教團中，被奉為第六祖，具有極其崇高的地位。

傳世著述

一行相關的佛學著述，包括撰寫的、以及被標注為「述」、「記」的作品，有以下幾種——

密教著作

（一）《大日經疏》（即《大毘盧遮那成佛經疏》）

在我國有流行過多種異本。唐朝雲海《兩部大法師資付法記》所錄為十卷本《義釋》，而後來刻版印行的為十四卷本《義釋》並〈序〉。遼代有覺苑《大日經義釋科》五卷及《大日經義釋演祕抄》十卷，道宗清寧五年（西元一○五九年）有《義釋》十四卷。

《大日經疏》在唐代有過數次傳入日本的經歷，所以在日本有多重版本流傳。根據安然的《八家密錄》中記載，一共有八種版本——

由玄昉在唐玄宗開元十一年間入唐請回的《義記》十卷本。

由西大寺德清在唐代宗大曆七年間入唐請回的《義記》上下十四卷本。

高雄寺的空海於唐德宗貞元二十一年間入唐請回的《大日經疏》十四卷本和二十卷本。

高雄寺圓仁於唐文宗開成三年間入唐請回的《義釋》十四卷本。

圓珍的《義記》上下十四卷本。

遍明的《義釋》十四卷本。

宗叡的《義釋》十四卷本。

《大日經疏》現刊入日本《大正新修大藏經》卷第三十九，《卍續藏經》第三十六冊，《大日本續藏經》三十六套第一到第三冊，《義釋》刊入日本《大日本續藏經》三十六套第四到第五冊。

（二）《釋氏系錄》一卷

該書撰寫於開元十至十五年之間（西元七二二至七二七年），內容總共分為四部分：一、綱維塔寺，二、說法旨歸，三、坐禪修證，四、三法服衣，於中齋法附見。該書今佚。

（三）《攝調伏藏》十卷

該書成於睿宗太極元年至玄宗開元五年之間（西元七一二至七一七年）。據成尊《真言付法纂要抄》記載，一行在荊州當陽山玉泉寺將「律部經綸，所有要文，撰寫為《調伏藏》十卷，兼註解。」該書今佚。

（四）《藥師琉璃光如來消災除難念誦儀軌》一卷

經文內容為供養藥師琉璃光如來的儀軌以及真言，又作藥師如來、藥師琉璃光如來、大醫王佛、醫王善逝、十二願王。後流傳日本，版本有日本享保十九年（西元一七三四年）刊豐山本，永久四年（西元一一一六年）寫高山寺本，古寫本高山寺別本。

（五）《宿曜儀軌》一卷

日、月、火、水、木、金、土、羅睺、計都、九曜、二十八宿、北斗的供養儀軌以及真言。其中，北斗真言與《北斗七星護摩法》等另幾部北斗密經中出現的內容相同。

（六）《七曜星辰別行法》一卷

《七曜星辰別行法》經首敘有：「玄宗皇帝，開元初，對東兵之夜，於兵側離宮之次；於是玄宗將一行和尚相隨，一行忽作法。」嚴敦傑在《年譜》中指出：「東兵之夜，當指開元十年九月乙卯夜，權梁山在東都起義。權曾自景風、長樂等門斬關入宮城，故稱兵側離宮之次。」並藉此得出，《七曜星辰別行法》即作於開元十年。

《七曜星辰別行法》中稱「名為西國七曜別行法。七曜即管二十八宿，二十八宿即管諸行病鬼王」。開篇首先列出宿值（二十八宿輪流值日，二十八宿為二十八天）為：正月十五日（翼），二月十五日（角），三月十五日（氐），四月十五日（心），五月十五日（箕），六月十五日（女），七月十五日（室），八月十五日（婁），九月十五日（昴），十月十五日（觜），十一月十五日（鬼），十二月十五日（星）。其宿值與《二十七宿旁通曆》以及在不空所譯《宿曜經》中的相同。

（七）《北斗七星護摩法》一卷

記敘了能吉祥、北斗、日、月、火、水、木、金、土、羅睺、計都、九執、二十八宿各真言以及北斗的供養儀軌。在日本有享和二年（西元一八〇二年）刊長谷寺本。

（八）《大毗盧遮那佛眼修行儀軌》一卷

後流傳於日本，其版本有原日本享保年間（西元一七一六至一七三六年）刊豐山大學本，保安四年（西元一一二三年）寫仁和寺本，古寫本高山寺本。

（九）《梵天火羅九曜》一卷

（十）《華嚴經海印道場懺儀》二十四卷

唐．一行、慧覺依經錄，宋．普瑞補注，明．讀徹參閱，明．木增訂正，明．正止治定。

（十一）《一行禪師字母表》

這是一部在日本僧侶學習梵文時較為普遍使用的梵文字母表，為日本曹洞宗大學圖書館藏書。是否為一行撰寫，尚有待考證。

還有三部密教著述：《大毗盧遮那形象圖樣壇儀》、《標幟壇儀法》、《契印法》各一卷。海雲《兩部大法師資相承記》著錄，作一行撰。但據崔牧《大毗盧遮那經序》載：

又三藏和上（指善無畏）躬親粉繪乎《起聖眾極圖》一卷，兼《地契》及《手印圖》一卷，《都集曼荼羅圖》一鋪，詞旨深簡，分析源流，幽贊之功，靡究於今。

其中，《起聖眾極圖》當為《大毗盧遮那形象圖樣壇儀》，《都集曼荼羅圖》或即《標幟壇儀法》，《地契》及《手印圖》即為《契印法》。此三部著述為密教儀軌，非一般弟子可以杜撰，故海雲《付法記》實為誤錄。

曆法著作

一行的曆法著作，合稱為《開元大衍曆》。據新舊《唐書》記載，一行於唐玄宗開元九年（西元七二一年）受詔改造新曆，開元十三（西元七二五年）年開始編寫，至十五年（西元七二七年）完成草稿，十六年（西元七二八年）由張說、陳玄景、趙升等人完成最後編寫並呈獻給唐玄宗。

《開元大衍曆》是一行吸收漢易中的合理成分，引用卦氣說來解說曆法改編而成的，是唐朝最好、亦為當時世界上最先進的曆法之一。到開元十五年，一行的曆法草稿已初具規模，大致就緒。其內容據張說〈大衍曆序〉記載，共五十二卷，包括《開元大衍曆經》七章一卷、《長曆》三卷、《曆議》十卷、《立成法》十二卷、《天竺九執曆》一卷、《古今曆書》二十四卷、《略例奏章》一卷。

《開元大衍曆》的《曆經》部分，按兩《唐書．曆志》記載共七章：一步中朔術、二步發斂術、三步日躔術、四步月離術、五步晷漏術、六步交會術、七步五星術。《曆議》部分，根據宋朝陳振孫《直齋書錄解題》記載，共有十章：一曆本議、二日度議，三中氣議、四合朔議、五卦候議、六九道議、七日晷議、八分野議、九五星議、十日食議。

《大衍曆》部分內容簡介如下——

（一）《開元大衍曆經》（簡稱「曆經」或「曆術」）一卷，是新曆法本身。共分七章：

第一章「步中朔術」：關於平朔、平望、平氣的計算。
第二章「步發斂術」：關於中國傳統的七十二候的推算。
第三章「步日躔術」：關於太陽的位置及運行情況的推算。
第四章「步月離術」：關於月亮的位置及運行情況的推算。
第五章「步晷漏術」：關於晷影和晝夜刻漏的計算。
第六章「步交會術」：關於日食、月食的推算。
第七章「步五星術」：關於五大行星的位置和運動情況的推算。

（二）《立成法》十二卷，是新曆法本身的各種數據表格。

（三）《曆議》十卷，是對古代傳統曆法的得失和演進進行綜述和評議的專題論文。分為——

第一「曆本議」：相當於概述。
第二「日度議」：歲差的研究。
第三「中氣議」：關於置閏規律的探討。

第四「合朔議」：關於平朔和定朔問題。
第五「卦候議」：關於七十二候問題。
第六「九道議」：關於月亮運行、黃白交點西退的規律。
第七「日晷議」：關於二十四節氣的晷影和晝夜刻漏推算。
第八「分野議」：關於十二次分野的占星術問題。
第九「五星議」：關於五星運行會合週期及順、逆、留問題。
第十「日食議」：關於日食的推算。

（四）**《略例奏章》一卷**，是關於新曆法的理論說明。

以上二十四卷的大部分內容收載於新、舊《唐書》的〈曆志〉和〈天文志〉中間留傳後世。此外還有——

《長曆》三卷：大概是依新曆法推算而得的古今若干年代的日、月、五星位置的長編。

《古今曆書》二十四卷：可能是對前代二十三家曆法連同新曆法本身，共計二十四家曆法的異同、疏密，進行比較研究的論文集。

《天竺九執曆》一卷：是關於印度曆法的譯著及其研究。

以上這二十八卷，在宋元之際亡佚，可能還有許多成果隨之埋沒了。

易學著作

一行的《易》學著作，有《大衍玄圖》、《太玄經義訣》、《太衍論》、《周易論》（又稱《一行易傳》）。其中的《大衍玄圖》、《太玄經義訣》為早年所作，應該成書於一行十五歲到二十一歲出家前期間（西元六九七至七〇三年）。

據《舊唐書》記載，當時有道士名為尹崇，以博學馳名於學界與政壇，家中藏有大量珍貴書籍。作為後生的一行，來向尹崇求借被人認為極其深奧的揚雄《太玄經》；他借得此書後，沒幾日就來歸還了。尹崇很是奇怪，問他：「此書意旨深奧，我讀了多年尚未弄懂其意。你想研究此書，為何這麼快就歸還？」一行答道：「我已深得其意。」說罷，拿出他所撰的《大衍玄圖》及《義訣》二書交給尹崇，也因此獲得尹崇「此人是顏回再世」的稱讚。此二部著作，《唐志》著錄為一卷，今佚。

《太衍論》，據《唐志》記載共有二十卷。唐玄宗〈御制大慧禪師一行碑銘〉稱：「禪師以朕欽若靈天，故撰開元之曆；以朕敦崇聖道，故述大衍之贊。」其中所謂的「大衍之贊」，即是對《太衍論》的稱讚。今其書大部分已經佚散。只在個別著作中留有少量的記載。

劉禹錫的〈辯易九六論〉中曾引用一行的《太衍論》內容：

一行《大衍論》云：三變皆剛，太陽之象也；三變皆柔，太陰之象也；一剛二柔，少陽之象也；一柔二剛，少陰之象也。少陽之剛，有始、有壯、有究；少陰之柔，有始、有壯、有究。因綜四象之變，而成八象焉；八象之位，而八卦之本列矣。

一行於《易》學很有造詣，《太衍論》在唐代有很大的影響，有畢中和師徒相傳繼承一行的《易說》，而柳宗元與劉禹錫曾為此有〈辯易九六論〉。《周易論》（又稱《一行易傳》），是一行的主要易學著作，《唐志》作《周易論》，卷亡；又著錄李吉甫《注一行易》，卷亡。按清朱彝尊《經義考》，〈中興書目〉著錄《一行易傳》十二卷，原缺四卷。又據宋元諸儒所引據《一行易傳》，一行其書還纂集有歷代諸種《易傳》，包括《子夏傳》、《孟喜傳》、《京房傳》等。

王應麟《困學紀聞》著錄《一行子夏傳》，並說：「（洪）與祖為漢以來諸儒所傳各有師承，唐陸德明著《音義》兼有別本，諸儒各以所見去取。今以一行所纂《古子夏傳》為正，而以諸書附注其下。」朱震《周易集傳表》則稱：

> 臣聞商瞿學於夫子，自丁寬而下，其流為孟喜、京房；喜書見於唐人者，猶可考也。一行所集房之《易傳》論卦氣、納甲、五行之類，兩人之言同出於《周易·繫辭·說卦》。

《一行易傳》至清代大部散佚，《經義考》說：「今惟大演《周易》本義一卷存。」清末馬國翰編為《一行易纂》一卷，輯入《玉函山房佚書》之《經編．易類》卷八，並作〈序〉。

一行在易學方面的著述和思想，在唐代被人傳承，自成一家。按劉禹錫的記載，畢中和之師上承一行易學，下傳畢中和，畢中和又傳於董生。一行集注的孟喜、京房《易傳》，更是宋元諸儒必用之書。

根據學者考證，在題名「一行」的偽作中，大多屬於道教和密教內容，屬於道教偽託的著述有：《天一太一經》、《太一遁甲經》、《遁甲十八局》，《舊唐書》本傳、《唐有》著錄，均一卷，今佚。又有《六壬歌》一部，上、下卷，日本惠運《求法錄》著錄。《六壬明鏡連珠歌》一卷、《六壬髓經》三卷，《唐志》著錄，今佚。這些著述屬於五行占卜之書，是按所謂太乙、遁甲、六壬的三式占法構成，唐以前就盛行於世。

又有《看命一掌金》的占相之書，日本《卍續藏經》刊，題「唐釋氏一行」

著，明胡氏文會堂校。題前有云「唐一行禪師云，但凡投師出家皆依此選僧圖，取用若得一二識者，方許出家」等；但檢其文句，顯係杜撰。文中以年分人，按月入十識，所謂十識者：通天識、三合識、善知識、方丈識、菩提識、福祿識、起家識、消災識、成就識、佛法識，「所有十識皆是前生定也，如無一二識者罪根深重，不可得度。」此絕非佛家之語。從占卜內容來看，明顯同「選僧」無關，是一種以「十二獸」、「十二月」、「十二時」來排的占書，單就此即可知是托偽之作。

另有《呼龍經》、《金歌四季氣色訣》、《後肘術》等，《宋志》著錄，當偽造於更晚的時候。另有一些題為一行作的著述，曾被史書經籍著錄於「張遂一行」名下，也常被現代人誤解。如《五音地理經》十五卷，《唐志》著錄於「張遂一行」之下，《宋志》作《地理經》，有十五卷和十二卷兩種。《藏律祕密經》十卷，《宋志》作李津風、一行禪師撰。《庫樓經》一卷，《宋志》著錄。其實，作這些著述的一行或「僧一行」另有其人，即唐杭州竹林寺一行，是名字相同的不同兩人。

一行身後之密教

一行圓寂後，唐代密教的傳布便有賴於不空。雖然與一行並無直接關聯，但一行位列祖師，對後世密教亦有重大影響，故以下對一行身後之密教發展予以簡介。

不空後期主要活動於西安大興善寺，歷任三代國師；他並是中國四大譯經家之一（鳩摩羅什、真諦、玄奘、不空——或為義淨），建立了梵語與漢字間嚴密的音韻對照組織，以解釋咒語實義於其弟子。

不空弟子眾多，傑出者包括嗣位弟子慧朗、金閣寺含光、新羅慧超、保壽寺元皎、覺超，青龍寺惠果，世稱「六哲」。

嗣位弟子慧朗

慧朗為不空晚年的得力弟子，不空入滅後繼承傳法灌頂之位。大興善寺持誦僧二十一名請願文中他舉第一。不空歿後成為大興善寺翻經院檢校之職，於不空之一周忌或三周忌，敕補為大興善寺上座。此間，慧朗之上奏文達十餘文，列入《表制集》之弟子文中以他為最多，且是不空滅後之中心人物，也是不空的後繼者。

因不空傳法弟子多，代宗為防止諸弟子間對繼承人問題發生爭執，特於不空滅寂次日、即大曆九年（西元七七四年）六月十六日，下敕警示諸弟子等：「和上為三代國師，門徒稍眾，宜各相和順，住瑜伽觀行，依本教修行；如有違諍者，即錄名奏來。」過了六天，不空入葬之後次日，代宗敕令：「僧慧朗專知檢校院事，兼及教授後學，一尊一契有次第者聞奏。」這樣就確定了慧朗的法定繼承人地位。另據〈行狀〉、〈並序〉等記載，則知慧朗之繼位乃不空早有安排。

西元七七四年六月六日牒，不空奏准制定興善寺翻經院灌頂道場和文殊閣道場持誦僧二十一人，以慧朗為諸弟子之首，奏文說：「其慧朗等二十一人，並久探祕藏，深達真乘，戒行圓明，法門標準。」

西元七七五年六月十五日不空忌日，慧朗主持周年入塔小祥齋，代宗賜千人供，兼賜茶兩百串，准度弟子兩人。

西元七七六年二月，代宗敕天下僧尼持誦《佛頂尊勝陀羅尼》，限一月精熟，每日誦二十一遍，每年至正月一日進具所誦遍數，慧朗上表稱謝。四月五日，慧朗上表請求在本院不空影塔處敕制立碑，後於建中二年(西元七八一年)十一月十五日立碑，由銀青光祿大夫、御史大夫、上柱國、馮翊縣開國公嚴郢撰文，銀青光祿大夫、彭王傅上柱國、會稽郡開國公徐浩書。

西元七七八年正月，慧朗率本宗僧人五十三人持念祈雪，入春降雪，上表稱賀，其中說他們五十三僧「每在道場，為國持念，自正初已來，互相策勵，或有七日不食，或有經旬忘寢」，可見其效力至誠。代宗批文慰喻：「師祈禱精誠，膏澤普沾，至誠所感，當用慰焉。」四月十四日，代宗敕補慧朗為大興善寺上座，並總領寺務。十月六日，依敕度韓王長女為尼，並上表稱賀。十一月，慧朗奉敕往五臺山修功德。

慧朗得不空金剛界五部密法傳授，在崇福寺和興善寺有弟子多人；其中，傳延法脈、最為著名的是天竺，時稱天竺阿闍梨，住崇福寺弘密。

金閣寺含光

含光是不空最早的弟子，《宋高僧傳》特意為他在〈興福篇〉中立傳。釋飛錫〈碑銘〉稱其為梵僧，故含光應為印度人。

含光於開元後期投不空門下，開元二十九年（西元七四一年）便以門人的身分隨不空前往師子國求法。到師子國之後，含光隨其師從普賢阿闍梨同受五部灌頂。天寶五年（西元七四六年）回來後，又隨不空輾轉長安、韶州、河西，助不空譯經傳法。在武威開元寺，不空開灌頂道場，含光又諮受五部灌頂、金剛界曼荼羅密法。不空稱含光等「道業清高，洞明經戒，眾所欽尚，堪為師範」。

永泰二年（西元七六六年），不空在五臺山建造金閣寺及諸普通供養處，奏請含光為奉使巡臺，恭修功德。含光先後花了五年時間，營造建成了著名的金閣寺，以及六處供養處，完成了一項浩大工程。含光自此主持金閣寺，在五臺山興隆密宗。

含光在五臺山也與天台宗湛然有交往，據《宋高僧傳》記載，於其交談中得知，智者大師亦聞名印度：

時天台宗學湛然解了禪觀，深得智者膏腴，嘗與江淮僧四十餘人入清涼境界。湛然與光相見，問西域傳法之事。光云：「有一國僧體解空宗，問及智者教法。梵僧云，曾聞此教定邪正、曉偏圓、明止觀，功推第一。再三囑光，或因緣重至，為翻唐為梵附來，某願受持，屢屢握手叮囑。」詳其南印土多行龍樹宗見，故有此願流布也。

不空滅寂之後，含光仍在五臺山弘法，更受代宗器重，本傳說「代宗重光，如見不空」。含光晚年事跡不詳，可能終於五臺山。

新羅慧超

據《千臂千缽曼殊室利經．序》記載：開元二十一年（西元七三三年）正月一日，於薦福寺道場內從金剛智受《千臂千缽曼殊室利經》法，此後奉事金剛智達八年之久。

開元二十八年（西元七四〇年）四月十五日，奏明玄宗，於薦福寺道場譯經，五月五日敕准始譯《千臂千缽曼殊室利經》，金剛智譯，慧超筆受，十二月十五日譯訖。大曆九年十月，投不空門下，重諮此法。

至建中元年（西元七八〇年）四月十五日，到五臺山乾元菩提寺，至五月五日，起首再錄舊譯經本。但是，大曆九年六月十五日，不空已經示現滅寂，所以這序文中的內容有待考量。

按不空遺書可知，慧超從不空受金剛界五部灌頂，為其六大弟子之一。很可能是慧超最早曾師事金剛智，後來轉師不空，從同門受法；最後到了五臺山，止住於乾元菩提寺。

大曆中（七七五年前），慧超為內道場沙門。大曆九年正月，奉敕往盩厔縣（今陝西周至）玉女潭祈雨，因有效驗，上表稱賀。其中說：

沙門惠超言：伏奉前月二十六日中使李憲誠奉宣口勅，令惠超往盩厔縣玉女潭修香火祈雨。惠超行闕精修，謬揚天旨，山川靈應，不昧禱祈。初建壇場，溪聲乍吼；及投舍利，雨足如絲。一夕而草樹增華，信宿而川原流潦；澤深枯涸，慶洽人神。伏惟陛下聖德動天，天澤先降，豈惠超微物精誠感通。

玄宗制答：「師久勞虔潔，勤清道場，有年可期，顧增歡慶。」同年六月六日，不空奏請選為大興善寺譯經院灌頂道場持誦僧，其名僅次於慧朗。不空稱慧超等人「久探祕藏，深達真乘，戒行圓明，法門標準。」可見慧超之修持深厚。

保壽寺元皎

元皎為福州人。《宋高僧傳》記載，至德二年（西元七五七年）肅宗從靈武還京時，途至扶風，「擇清尚僧首途，若祓除然。北士西河所推，皎應其選，召入受敕旨，隨駕仗內赴京。」故後來元皎稱：「長年多幸，侍從鑾輿，自靈武還京，遇承明佛事，稟先師（不空）遺訓，許國忘軀。」這也說明，元皎此時早已投師不空。元皎為不空六大弟子之一，這一點《遺書》中也有表明。

據本傳說，元皎「有志操，與眾不群，以持明為己務」。據載，肅宗自靈武赴鳳翔時，敕令元皎等先出發。至鳳翔，元皎在開元寺檢校御置藥師道場，擇三七僧六時行道，燃燈歌唄，贊念持經。法會中，忽然生出一叢李樹，有四十九莖。具事奏聞，肅宗宣內使驗實，非常驚喜，以為大吉兆。元皎上表稱賀，肅宗答敕說：「瑞李繁滋，國之興兆。生在伽藍之內，足知覺樹之榮。感此殊祥，與師同慶。」遂命元皎為內供奉，行法護持。

之後回到長安，元皎多在長生殿內道場持念。廣德二年（西元七六四年），不空奏請置大興善寺大德四十九員，其中就有元皎。大曆中（西元七七三年前後），元皎患病，出內道場回本寺，仍為保壽寺寺主。其後事跡不詳。

覺超

覺超原為靈感寺僧。其大曆十二年（西元七七七年）五月二十二日所上〈請辭內道場陳請表〉自稱：「隨侍居住先師，出入中禁（略）因循歲月，十五餘年。」可知覺超在代宗即位之前就已師事不空，從受金剛界五部大法。

代宗即位，隨師入內，為長生殿念誦僧，稱「食分御膳，服減天衣，廄馬公車，往來乘駕」，受到代宗的殊禮。廣德二年（西元七六四年），不空奏請為大興善寺大德，其後出內之際，歸保壽寺。

大曆七年（西元七七二年）六月十五日，與惠照奉敕到南山水湫祈雨，七日雨足，上表稱賀。其中稱：

覺超伏奉聖旨，便結道場，晝夜精誠，以副文思之旨；莫敢懈怠，用彰光宅之令。持誦初經一宿，雲霧忽洽於山川；啟請未盡兩辰，霈澤遽灑於城闕。

代宗回批云：「師等經行宴坐，久晤無生；念深家邦，誠請膏澤。聖真垂祐，零雨應期；傳洽秋原，戴榮嘉穀。西成有望，用愧勤勞。」

大曆十二年（西元七七七年）五月二十二日，覺超與惠海提出辭表，請求出內道場回本寺。說十五年來：

錫齎殊私，丘山已積；論功報國，纖芥曾無。撫已修涯，豈堪愧恧。且出家之人受佛教令，精修功德，令處伽藍。久在天宮，實貽物議；夙夜思忖，何情自安？特乞聖慈，降垂矜放，各歸本寺。為國修行，福田所資，寧限中外？

代宗再作挽留批答：「師等妙行精修，堅持正覺；留在禁中，用廣勝因。無去無來，何至辭讓也。」之後，覺超還是回到保壽寺，但仍保留長生殿道場沙門的身分，不時地依敕修功德。

是年八月二十七日，奉敕止雨有驗，上表稱賀。代宗批覆云：「師緇門領袖，久在道場，勤結梵緣，福資黔庶。真聖所祐，宿陰漸開，宜益虔誠，慶流家國也。」可見代宗視覺超為佛門領袖。其後事跡不詳。

青龍寺惠果

惠果（西元七四六至八〇五年）俗姓馬氏，京兆府萬年縣（今西安市東）歸明鄉人。在不空六大弟子中最為突出，一是他綜二系傳承，持金剛界、胎藏界及蘇悉地等三部大法；二是培養傳授了很多出色的弟子，因而對後世的影響頗大。

據佚名〈大唐青龍寺三朝供奉大德行狀〉等記載，惠果生於天寶五年（西元七四六年），九歲時即到青龍寺聖佛院，奉事不空弟子是和尚。至十七歲，於不空門下，求授大佛頂及大隨求真言。十九歲，從不空灌頂散花時得輪法輪菩薩；不空預言：「我於南天竺國散花得此尊，如今無異；今於吾後弘傳總持大教，如我無異。」

永泰元年（西元七六五年），惠果二十歲，受具足戒。二十二歲之年，從善無畏弟子保壽寺玄超邊求授大悲胎藏法和蘇悉地等法；其後，惠果又得不空金剛界教法的全部傳授。如此，惠果便一身兼持三部大法，並融會二者，建立金胎不二思想。

大曆五年（西元七七〇年），惠果二十五歲時，被詔入內禁，於長生殿持念。〈行狀〉傳說，唐代宗問他持法有何功效？惠果答曰「無」，代宗以為誠實；又喚童子八人，考召加持；據說，恩命所問，盡皆成就，於是代宗大喜。

大曆八年（西元七七三年）三月上旬，出內道場，在慈恩寺設方等道場，為其二弟子奏請敕准，授具足戒；代宗遣使賜剃刀並袈裟衣鉢各兩副，隸籍青龍寺，可見代宗對他的重視。

不空圓寂後，惠果更加受到代宗的重視。大曆十年（西元七七五年）特敕在本寺另置一院居住，此院即東塔院；敕准建毗盧遮那灌頂道場，准七僧持念。這標誌著惠果地位的提高和肯定。由此，青龍寺成為密宗的另一個中心，聞名於海內外。大曆十三年（西元七七八年），代宗以自己從不空所受法門多所廢忘，特請惠果為他重授，並讓惠果登長生殿內道場帝師位。

惠果因受代宗器重，其活動往往超出本院及至本宗的範圍。大約在大曆十年，敕惠果同時檢校大興善寺兩道場，兼知翻經院事。十一年（西元七七六年）十二月二十日至越年正月八日，奉敕巡視京城諸寺塔像，並負責灑掃，自莊嚴寺佛牙處起，至興善寺等一百二十二寺應有的殿、塔、佛牙、經藏、靈跡、舍利處總九百五十七所。

十三年（西元七七八年），依曇貞奏請敕准，兩度巡視南臺。據說，在觀音臺持念，夜久之間，大聖觀音於大月輪中現大身相，光明猶如白日，祥雲皎潔；同時，數百千人遙共瞻禮。

貞元十八年（西元八〇二年），惠果患疾回青龍寺。八月中旬捨衣缽，付囑弟子義明等七人受用。十九年（西元八〇三年），日本僧空海前來求法，奉獻摩衲衣和其國信物及錢五百餘貫文。惠果以此錢物修飾道場，授空海兩部大法及諸瑜伽法。

永貞元年（西元八〇五年）十二月十五日，惠果圓寂，住世六十歲，僧夏四十年。元和元年（西元八〇六年）正月十七日，眾弟子道俗千餘人送葬至孟村龍原不空塔側。後至敬宗寶曆二年（西元八二六年）八月二十一日，弟子義一、深達、義舟等人，將其移葬於滻川之側表薗村建塔。

惠果為三朝國師，為不空之後的唐密傳法大阿闍黎，一生致力於傳揚兩部大法，真正體現了「兩部一具、金胎不二」的唐密特色。他創繪金胎兩部大曼荼羅，創制金剛界諸尊金剛名號，完成兩部一具之傳授。惠果判釋顯密教相，以密教為優勝，認為密宗教法之一尊一印、真言之一字一句，乃證道的捷徑、成佛的關鍵。以「牛羊趨道」與「駕神通」比擬顯教、密藏之別，則是一行在《大日經疏》中所用《大智度論》典故。可見，惠果的判教思想與一行以來的思想一致，應該是受到了一行思想的影響。

惠果弘法授徒，弟子甚多，密宗教法更由此遠播海外，其弟子在五、六十人以上。據〈行狀〉記載，貞元九年至十三年間（西元七九三至七九七年）就有五十人受法。他的弟子遍布各地、各階層，上自皇室權臣，下及庶民寒士，近如兩京汴州，遠如新羅、日本，及至南海訶陵，其中不少人創宗立派，廣延法流。〈碑銘〉稱他「或作一人師，或為四眾依；法燈滿界，流派遍域，斯蓋大師之法施也。」其弟子受法情況如下——

兩部傳法弟子：惠應、惠則、惟尚、誓弘、惠日、空海、義滿、義明、義照、義操、義滘等；

單受胎藏法者：悟真、義澄、法潤等；

單受金剛界法者：義證、義一、吳殷、義智、義圓等；

另外，受法弟子還有：義恆、義雲、智興、行堅、圓通、義倫、義潤、開怌等。

其中，義操和空海為正嫡；義操嗣青龍寺法燈，傳出弟子義真、海雲等。

由此可知，惠果所傳弟子得法者並非只有日本空海法師一人；在諸弟子當中，後來有義操和法潤傳延法脈、廣大門庭。所以，自惠果後再無密法之說實為無稽；但是，唐密確實是在會昌法難之後逐漸式微，反而在海外發揚光大。故唐密成胎於華夏，長養於海外。

長養海外

華夏密法尚有由印度傳入藏地，而後發展而成的藏密，此處不另介紹。

東密

「東密」指流傳於日本之唐密分支；因其是大日如來的真實言教，故稱「真言宗」。開祖為弘法大師空海（西元七七四至八三五年），根本經典為《大日經》（善無畏譯）、《金剛頂經》（不空譯），稱為兩部大經；另又依《蘇悉地經》、《瑜祇經》、《釋摩訶衍論》、《菩提心論》、《大日經疏》等經軌與論釋。

此外，空海大師自撰之《十住心論》、《祕藏寶鑰》、《辨顯密二教論》、《即身成佛義》、《聲字實相義》、《吽字義》、《般若心經祕鍵》等亦極為重要。

其教義大綱系講說六大（體）、四曼（相）、三密（用）等三大圓融，建立兩部曼陀羅，而以「即身成佛」為其主旨，自空海極力弘傳，依據顯密二教判與十住心而建立橫豎二判之純密教，以表示勝於其他諸宗。可見，東密完全習學於唐密；同時，東密十分重視空海和尚的思想。密宗雖衰絕於印度、唐密隱沒於中國，其儀軌、經文等史籍卻於日本直傳至今。

日本桓武天皇延曆二十三年（西元八〇四年），空海和尚入唐，師事惠果三個月，惠果阿闍梨將密法儀軌、經文等無遺地傳於空海和尚。空海和尚於平城天皇大同元年（西元八〇六年）返國後，先於高雄山寺造壇灌頂（嵯峨天皇弘仁元年，西元八一〇年），又於高野山建立真言宗根本道場（弘仁七年），後再得賜東寺（即教王護國寺），建立灌頂道場（弘仁十四年），遂又稱真言宗為「東密」。

東密門人甚多，以真濟、真雅、實慧、道雄、圓明、真如、杲鄰、泰範、智泉、忠延等十人最為傑出。空海與此等門人大揚宗風，而予日本平安時代社會各階層以極深之影響。

空海寂後百年頃，事相之傳承分成小野、廣澤兩大流派，從此二流又分化出大量分派，大致可分為新義、古義二派。

台密

「台密」指的是日本天台宗所傳的密教，有別於真言宗的東密。主要源於天台宗的傳教大師最澄及圓仁、圓珍所傳，以比叡山延曆寺及園城寺為中心，後由五大院的安然和尚集其大成。

延曆二十三年，最澄和尚入唐，從天台宗道邃、行滿學天台教義外，並隨靈岩寺順曉（從不空與一行分別受金、胎兩部大法）受三部大法及印契等。返日後又從空海大師受灌頂，特以止觀（天台）、遮那（密教）兩業為修學課程，主張「圓密一致」，此為日本天台密教之濫觴。

其後，仁明天皇承和五年（八三八年），慈覺大師圓仁亦入唐；文德天皇仁壽三年（八五三年），又有智證大師圓珍入唐求法，三者即台密法流的根源。最澄之後稱「根本大師流」，圓仁之後稱「慈覺大師流」，圓珍之後稱「智證大師流」，一般統稱「根本三流」或「台密三流」。

台密主要依據的經典為《大日經》、《金剛頂經》、《蘇悉地經》、《菩提場所說一字頂輪王經》及《瑜祇經》，並稱五部祕經。其實質是將天台宗與唐密、律宗和禪雜揉在一起，已經非純正唐密了。

反哺華夏

民國時期，出現了一股東渡習密、復興密教的熱潮。太虛法師便曾說：

全國緇素既知密宗有復興之必要，日加注意，於是日僧若演華、若覺隨之傳密者，先後來華。而誓志東渡留學者亦日多，先則粵之純密、蜀之大勇，繼則有持松，後則有顯蔭。又應諸師接踵東渡，人才濟濟，絕學有重光之望矣。

持松

持松（西元一八九四至一九七二年），俗姓張，湖北荊門人，法名密林。十八歲投荊門鐵牛寺出家。一九二二年冬，因受杭州諸居士之影響，對密教發生興趣，遂有東渡習密之舉。年底，持松便與大勇、純密東渡日本。初至橫濱，次達高野山，禮天德院金山穆昭阿闍梨研習密教；入灌頂壇，得六十四世傳法灌頂阿闍梨位。

一九二三年冬，學成回國。初在上海傳法，次至杭州，在菩提寺開壇。至翌年春，赴武昌住持洪山寶通寺。在寺設法界宮，建瑜祇堂，購置法器，繪諸曼荼羅，並講經說法，開壇灌頂，建立真言宗根本道場。而湖北僧俗紛紛前來求授灌頂，傳習印明，兩年間先後受灌頂者數萬人，寶通寺一時成為近代密宗復興的中心之一。

一九二五年秋，持松參加中國佛教代表團出席東京召開東亞佛教大會。會後滯留東京，往新潟縣，從多聞院權田雷斧大僧正受新義真言宗各流灌頂，得四十九世傳法灌頂阿闍梨位。翌年四月，至京都比叡山延曆寺，學習天台宗密教儀軌及其教法。卒業後，再赴高野山，依其根本上師金山穆昭阿闍梨，受三寶院、安祥寺各流傳授及口訣，兼習梵文悉曇法，受贈金山穆昭傳付其珍藏的金剛界、胎藏界兩幅大曼荼羅。

一九二七年春回國，在功德林先後講《仁王經》、《大日經·住心品》，在淨業社講《金剛頂瑜伽發菩提心論》；至冬，在清涼寺為蔣築莊等居士授《十八契印》。一九二八年春，在南園簡氏故居為趙炎午、葉香室等傳法。此間著《仁王經》、《大日經·住心品》、《金剛頂菩提心論》的《纂注》，又撰《理趣經釋》、《四度加行口訣》、《悉曇入門》等二十餘萬字，歷時一年有餘。

此後至一九三五年的十年間，應各地信眾之請，赴遼寧、北京、南京、杭州、武昌、漢口等地，開壇灌頂，盛極一時，從其受灌頂者數以萬計。

一九三六年春，持松第三次東渡日本，周遊各地，採辦壇場法器。四月歸國，在上海覺園建丙子息災法會，並建聖仙慈寺，自此長住上海。一九四七年三月，持松應邀擔任住持，兼任靜安寺佛學院院長。一九五三年，持松在寺設真言宗灌頂道場，重新開壇傳法。一九七二年十一月十六日，圓寂於上海，享年七十八歲。

持松著述豐富，據說顯密著述多達五十多種；除以上所述外，尚有《密教通關》、《賢密教衡》及其《釋惑》等。顯教著述主要有：《華嚴宗教義始末記》、《攝大乘論義記》等。持松出身華嚴，兼研唯識以及天台宗義，後轉習密教；所以，在弘法上，持松華嚴、真言並重齊弘。

大勇

大勇（西元一八九三至一九二九年），諱傳象，原名錦章，俗姓李，四川巴縣人。一九一九年從太虛剃度，法名大勇。翌年，在金山江天寺受具足戒，並參究禪宗。於一九二二年冬與持松、純密連袂東渡，在高野山得金山穆昭阿闍梨傳與密法。不久後因學費不足，回國籌措。一九二三年再次東渡，在高野山密宗大學就學，依金山穆昭傳習古義真言宗中院一派教法。經一年餘，得四十六世傳法灌頂阿闍梨位。

大勇學成回國，在上海開壇，授灌頂多人。次至杭州開壇，傳十八道法；

據說，得一尊供養者十人，從受咒印大方便者多達一百人，其中包括潘國綱、王吉樗等政界人物。一九二四年初，大勇應武漢僧俗之請，南下傳法，先後開壇十次，授法灌頂者達兩百三十七人；當時，持松也在武漢寶通寺開壇傳法，與大勇之傳法相呼應，在武漢佛教界引起極大反響。

大勇於是年北上，在北京投白普仁（蒙古人，藏密喇嘛）學藏密，欲以貫通日、藏兩系密教，建立完全的中土密教，但他弘傳東密的活動也就此結束。

顯蔭

顯蔭（西元一九〇二至一九二五年），字大明，俗姓宋，江蘇崇明縣人。初依寧波觀宗顯蔭寺諦閑法師剃度，後依五磊山諦閑受具戒。一九二三年秋，顯蔭與包承志等東渡日本，慰問關東大地震中的受災者。是年底，至高野山，禮天德院金山穆昭阿闍梨習密，得到傳法灌頂阿闍梨位。

一九二五年初，顯蔭學成歸國，初住上海弘密，但至陰曆五月二十一日圓寂，年僅二十四歲。顯蔭才華出眾，未及施展，而英年早逝。太虛說：「目下如顯師之逝，即為中興密宗人才之一大損失。」

顯蔭的密教著述，包括《真言宗釋疑》、《真言宗義章》、《真言密教與中華佛法之關係》、《再論真言密教與中華佛教之關係》等。

太虛認為，先後東渡學密的僧俗學人雖多，而其中對教理素有研究者，也就是大勇、持松、顯蔭諸師；所以，真能荷擔中國密宗復興責任者，也唯有其三人。可惜顯蔭早逝，大勇入藏地，弘傳密教最後取得成就的只有持松法師。因此，這一時期，雖然東渡學習密法的還有王弘願等諸多居士，也為密法的復興作出了種種貢獻，持松法師等三人之後也有其他法師赴日學習密法，但因篇幅之故，此處就不再多做介紹了。

唐密儀軌、經論等借助東瀛之地得以完好保存，並反哺華夏，早在惠果阿闍梨的預料之中。據史料記載，惠果阿闍梨乍見空海，含笑喜告曰：「我先知汝來，相待久矣，今日相見，大好大好。報命欲竭，無人付法，必須速辦香華，入灌頂壇。」於是，三個月將兩部大法傳承完畢，又囑空海曰：

早歸鄉國，以奉國家，流布天下，增蒼生福；則四海泰，萬人樂，是則報佛恩師德，忠於國孝於家也。義明供奉，弘法於禹域，汝其行矣，傳之東國，努力努力！

空海回到日本後，也確實如惠果所吩咐「傳之東國，努力努力！」努力弘揚唐密，在日本建立真言宗，並對淨土、禪宗等其他宗派產生極大影響。最後，「弘法大師」（天皇賜謚）空海入定高野山奧之院，等待彌勒降世，繼續弘揚佛法。

但願毗盧教法如太陽一般環繞大地，即此即彼，經久不衰。

【註釋】

註一：孔子作《春秋》，屬辭微言大義，周密精美；書成，無人能改一字。此處比喻一行文辭精美。

註二：西元七〇三年，一行先從當陽玉泉寺僧恆景出家；不久後，到嵩山拜普寂為師，修習禪宗。

註三：西元七一二至七一七年，一行在當陽玉泉寺，從師惠真修習律宗經論，並纂集、注疏。《舊唐書》本傳記載，一行撰《攝調伏藏》十卷。

註四：佛說《法華經》時，寶塔自地湧出，多寶如來現身為作證明。「蓮葉下生」是說，五十六億年後彌勒菩薩於此世界成佛時，但願一行亦隨之下生娑婆。

註五：「三車」見《法華經》中三車之比喻：「羊車」喻聲聞乘，「鹿車」喻緣覺乘，「牛車」喻權教大乘。如來以權智初開三乘之教為權教；拔去三車，即以一乘頓教拔去一切權教。

註六：善無畏來華前，唐玄宗曾夜夢之，親繪其形，懸於壁上；及與善無畏相見，貌與圖合，玄宗大悅。

註七：瞿曇撰（譔），唐代世居中國的印度裔天文學家，瞿曇悉達之第四子。青年時代曾任職太史監。

《九執曆》出於西域。開元六年，詔太史監瞿曇悉達譯之。九執是指太陽、月亮、金星、木星、水星、火星、土星七星，再加計都、羅睺二暗曜（印度天文學家假想的兩個看不見的天體）。它用十九年七閏法，恆星年為三六五點二七六二日，朔望月為二九點五三〇五八日。在計算時差對交食的影響、月食全部見食時間，和晝夜長短等方面，有獨到方法。瞿曇悉達出生於長安（現西安），官至太史監（在唐玄宗掌政時期）。據一九七七年在西安市長安縣北田村發掘的瞿曇撰墓誌銘，從而得知瞿曇家族（瞿曇悉達本人及其往上與往下兩代）很可能在中國生活。開元年間曾主持編纂占星術書《開元占經》，整理中國很多有關占星術、天文學的資料。《開元占經》中包含了印度天文曆書九曜的漢譯本《九執曆》，其中並引述不少現已失傳之中國早年恆星觀測資料。他於西元七一八年將印度數字「〇」（零）引入中國，以此來代替算籌。

第五章　一行傳說

偉歟，一行所作通神，實僧相之法王，乃人形之菩薩。

也許，一行阿闍梨是因翻譯經典、修改曆法勞累過度才捨報而去，或者是因為人間示現因緣已滿、中年示寂。但是，他在這短暫的人間停留期間給我們留下了重要的密法經典，留下了那個時代令人難於企及的科研成果，也留下了關於他的總總神異傳說。

智可通神

過目不忘

自「一行到此水西流」（詳見「示現」第二章）事件後，一行的聲譽像安上輪子般傳遍各地，達官貴人們走馬燈似地來問卜，連玄宗皇帝都不禁動心。於是下詔召一行入宮，想查驗一下他的本領。他詢問：「師父有什麼才能？」一行回答：「並無擅長，稍微能記憶所覽。」

玄宗馬上命中官取來宮人名冊，遞給一行，將信將疑地瞧著他。只見一行從頭至尾看了一遍，合上名冊，開始背誦，簡直就像清點自家珍寶，一口氣背了幾頁。皇帝忍不住走下丹陛，合掌行禮，連聲道：「師父真乃神人。」一行由此頗得玄宗的尊敬和信任，並不時召見，詢問安國撫人的方略。

圍棋四句

《酉陽雜俎》（唐代段成式撰，筆記小說）記載，一行在宰相張說的府上觀看大唐第一圍棋奇才王積薪下棋。一行本來對圍棋一竅不通；但是，在看完王積薪和對手下完第一盤棋之後，就和王積薪對弈，結果兩人竟不相上下，這讓王積薪很疑惑。

一行大師微笑著說道：「貧道下棋，口中只念四句乘除語，且在下棋時講究爭先罷了。如果下棋的人知道我這四句語，自然都會成為圍棋高手了。」

當時的人並不相信此事，認為過於誇張。但是，明代時，精通圍棋藝術的王世貞在他所著的〈弈問〉中對此事進行詳細解說，並對一行阿闍梨戰勝王積薪這件事給予了高度肯定。在王世貞看來，一個精通數學和天文曆法的人能下得一手妙棋也在情理之中。

北宋科學家沈括《夢溪筆談．卷十八》中提到：「唐僧一行曾算棋局都數，凡若干局盡之。余嘗思之，此固易耳；但數多，非世間名數可能言之。」又，北宋文同《丹淵集．送棋僧惟照詩》：「學成九章開方訣，誦得一行乘除詩。」可見當時是真有「四句乘除語」之事。

可惜，一行的四句乘除語，在《酉陽雜俎》中並沒有記載，後人也就無從知曉。

作法降叛

《舊唐書．卷八．玄宗本紀》中記載，開元十年九月乙卯日，權梁山在東都起義。權梁山自景風、長樂等門斬關入宮城，故史稱「兵側離宮之次」。此時，一行剛好和玄宗同行，見此狀況立刻施展密法，諸星辰所管之鬼神眾皆來集，捉拿眾叛亂兵將，問罪於前。

隱匿北斗

前面曾提過，一行年幼時期家境貧寒，經常得到鄰居王夫人的資助。據《宋高僧傳》記載，一行小時候經常受鄰居王夫人的幫助，所以常常想著要報答王夫人。

某日，王夫人突然拜訪，對一行說：「我兒子殺人了，眼看就要被砍頭。師父您是天子的紅人，要設法發慈悲免他一死，可憐我老太婆無人贍養啊！」老太太聲淚俱下，極為悲戚。一行說道：「國家的法度森嚴，豈能我說了就能免罪的？」他便叫侍僧給了一些錢物，讓她去想別的辦法。老太太一聽，便從地上跳起來，指著一行的鼻子破口大罵：「我們做鄰居的時候，就經常幫助你家，你在襁褓中我就奶過你；你現在長大了，就不記得當年啦！」

老太太哭著回去後，一行到底心性慈善，終日悶悶不樂。於是，他運起竹籌演算了一番後，便招呼寺內淨人（佛寺中執事的俗家弟子）進來，吩咐道：「你們拿一個布袋去某某僻靜之處，守候到午時，如有活物出現，捉入布袋裡速速回來。」

第二日中午，果然有一隻母野豬領著七隻小豬走到那裡，淨人們分頭捕捉，只走脫了母豬，七隻小豬都抓進袋裡。

一行早在寺裡準備一口大甕，把小豬一隻隻扔進去，蓋好蓋子，又用六一泥（道家煉丹用以封爐的一種泥，又稱「神泥」）封死，接著口裡念念有詞並題寫梵字，讀了幾篇梵語咒詞。

第三日早晨，內侍捧著皇帝的詔書，詔一行進宮。玄宗問：「司天監報告說昨晚天空北斗七星蹤影全無，這是什麼緣故？」

一行回答：「北魏時，火星也曾失蹤過。現在北斗七星不見，這些異兆是上天對陛下的警醒。老百姓生活不安定，也會招致天災；唯有皇上用盛德來感動上天，才能避免災禍。最急切、最明顯的措施，莫過於拯救生命，佛家認為慈仁之心可以降服一切魔障妖孽。依小僧陋見，不如大赦天下。」玄宗即時下詔，赦免所有死刑罪犯。

當夜，北斗七星又在天幕上輝耀。

據此過程推之，一行應是將小豬變為北斗七星的替身而藏起來。北斗七星之所以能「變成豬」，是因為「斗星時散精為彘」的說法。北斗是天神太一（天一）的居所，而「天一生水」，古代生成數以「一六」（出自「河圖」）為水，這是一行封「六一泥」的奧妙所在。

一行是符咒之法和天文星占之學無所不通的密宗大師，題寫梵字、念誦梵咒便是他使密法內容。一行的星宿之法，實在是不可思議。

設壇祈雨

《酉陽雜俎》還記載著，在開元年間，天氣乾旱，玄宗請一行作法求雨；一行說，要找著一件器物，上面要有龍的模樣，才可以求雨。玄宗便使人在內庫尋找，只是找不著像龍的東西。

數日後，一行看到一個古銅鏡，那銅鏡鼻刻有一條龍，他便很歡喜地說：「這條就是真龍了！」於是把它放在壇場，作法持咒；一日之間，下得漫天大雨。一行的神通感應，實是神速不虛！

天顯九曜

據日本的《平家物語》記載，一行阿闍梨曾經跟隨玄宗皇帝。有一次，他被人誣陷、稱其與楊貴妃私通，所以被玄宗皇帝流放到迦羅國。通往迦羅國總共有三條道路，一條是皇帝御駕時使用的輪池道，一條是一般人使用的幽踏實道，還有一條是罪人通過的暗穴道。

一行阿闍梨因為被人誣陷、定了大罪，所以被送到暗穴道。一行在這不見日月的幽暗道路上走了七天七夜；四周一片漆黑，不見人煙，只在谷裡聽過一聲鳥叫。山谷裡草木深深，一不慎就會迷失方向；衣服被苔蘚草露弄濕了，想晾也晾不了。因為一行是被冤枉而遭流放，所以天道憐憫，在天上顯現九曜之姿為之照明，守護著一行阿闍梨。

此時，一行見天上九曜（北斗七星和計都、羅睺二星）的排列形狀，於是咬破自己右手手指，用血把九曜記錄在左手的袖子上。這就是後來在中國與日本流行的「九曜曼荼羅」。

這個傳說雖然為日本人杜撰，卻也由此反映出一行在星宿法方面的成就，很受日本人推崇。

預言無虛

茶庵預言

相傳，一行在致力於子午線的測量時，曾經為此遊歷全國各地，於唐中宗時期到達廣東新會，見一山川，不禁大叫道：「好一個『五馬歸槽』！這真是一塊風水寶地啊！」遂在此結庵種茶，以種茶度日，所居住的草廬便名為「茶庵」。

一行日間修行參禪，夜則觀測天象，也曾經在此地勘測風水。他發現，茶庵所在的這片區域，北有西江東去並南轉而下，南有潭江東去，同樣南轉而下，而且兩處拐彎位置完全處於同一經度上。這樣的「巧合」對他來說是平生未遇，正好符合「文脈」的堪輿學定義。他因此斷言：「沿此直線，後世必文人泰斗輩出！」

在後世一行所說的那條直線上的石頭村、白沙村、都會村、茶坑村四個村子果然先後出現了幾位「文人泰斗」，分別是明代「心學」的奠基者陳獻章、學術論著等身的梁啟超，以及國學大師陳垣（與錢穆、呂思勉、陳寅恪並稱為「現代四大史學家」）。由此可見一行預言之神準。

不久，一行遷去圭峰山玉臺寺，此地便只遺下草庵茶園。而一行的結庵處，到了明朝萬曆年間，外海進士陳吾德因仰慕一行高僧的名望和功德，倡議建造一座磚瓦結構的寺廟作為永久紀念，並以一行的小居「茶庵」為名；「茶庵寺」便因此得名並流傳至今。

另外據《新會縣志》記載，唐代一行法師到訪玉臺寺後，在這裡登壇說法，弟子五百多人，宗風大振。不過，遺憾的是後世並沒有一行的法脈傳承下來。

玄宗金盒

《宋高僧傳》記載，玄宗在大明宮時，時常祕密宣召一行。有一回，皇帝尋根究柢，問他有關社稷吉凶以及國運終結的問題，一行被逼得沒辦法，只好含糊地回答：「陛下當有一次萬里之行。」又說：「社稷畢得終吉。」

皇帝一聽，頓時洋洋得意。一行又給皇帝一個金盒子，形狀如同彈丸，裡頭放著一樣東西，一搖動便發出響聲，但盒子卻打不開來。一行意味深長地說：「到了緊急關頭才可開啟。」

後來，發生安史之亂，玄宗到四川避難，倉皇中都忘了這段往事。到了成都，突然想起要開啟這個神祕的盒子；打開一看，原來是中藥裡的當歸。玄宗說：「法師原來知道朕逃難到四川就該回京城了。」

到了成都西郊的萬里橋，玄宗想起一行說的「萬里之行」，不覺黯然，同時也不住驚歎一行的料事如神，便命令侍隊焚香祝禱，向一行表示謝意。

一行果然是言無虛出。唐朝倒數第二位皇帝昭宗最初被封為「吉王」，他的太子（唐朝最後太子）則受封為「德王」；唐朝天下在兩位手裡被後梁滅掉，正應了一行說的「社稷畢（得）終（吉）」。

根據《廣德神異錄》記載，開元十五年時，一行曾上表勸諫唐明皇：「陛下，日後萬萬不可以讓宗子擔任宰相，也不能用蕃臣擔任武將。」一行指的應是，宗室子李林甫日後會獨攬朝廷大權，安祿山則會在朝廷外發動兵變，東都將被逆賊攻破。只可惜，唐玄宗不明其意。後來果如一行所預示。

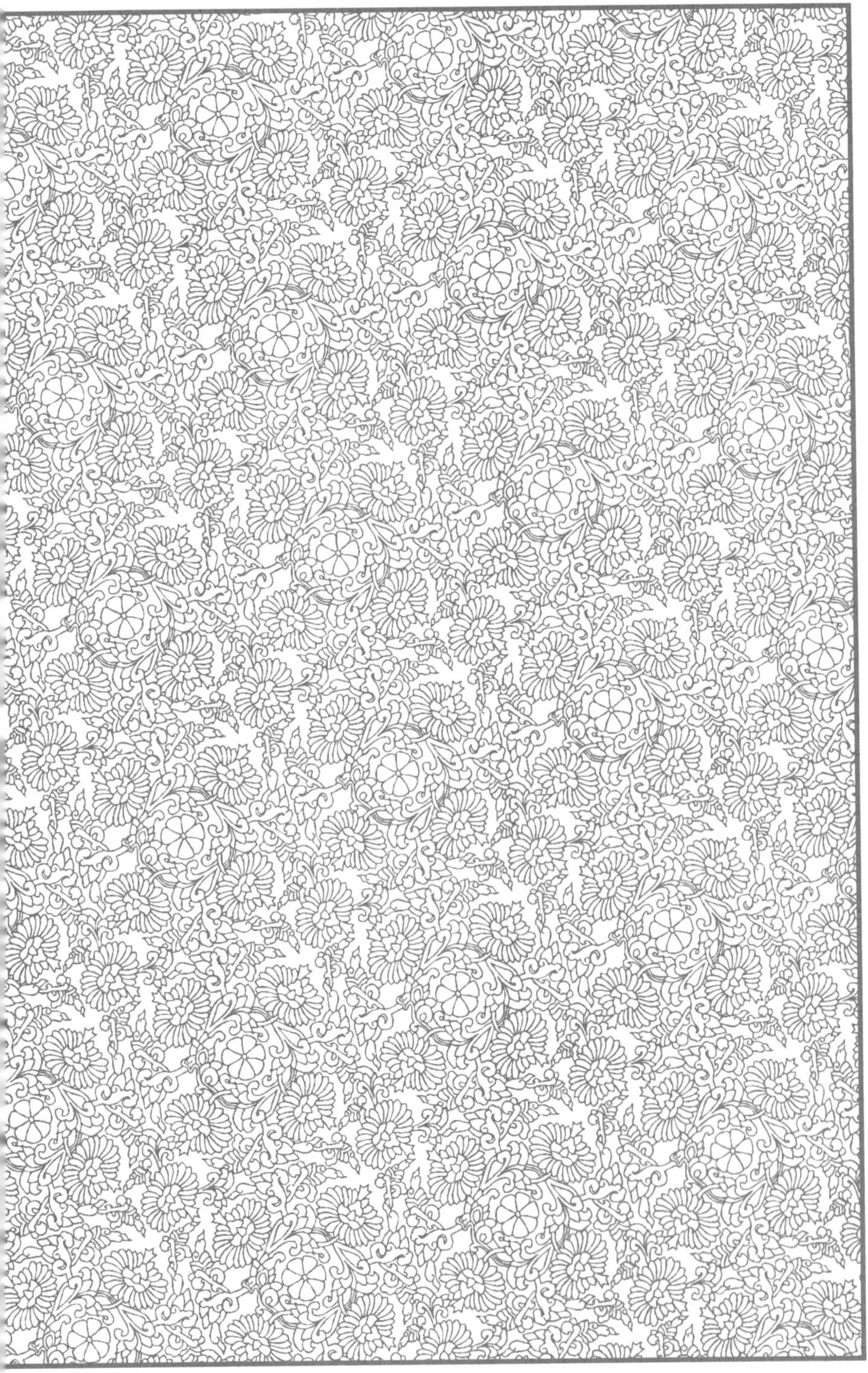

影響

壹・唐代密教概要

如此時中佛說何法？即是身語意三平等句法門，言如來種種三業，皆至第一實際妙極之境。身等於語，語等於心，猶如大海遍一切處，同一鹹味，故云平等也。

一行首先從理論上將印度密教漢地化，確立了唐代密教的理論體系，使唐代密宗也具有同其他宗派一樣的理論體系。

一行除了參與翻譯經典外，所留存的作品並不多，佛學思想著作只有三部，其流傳下來的就更少了，僅有一部《大日經疏》；但是，此疏對中國密教學的研究產生很大的影響，在中國密教史上起了很大的作用。《大日經疏》流傳到日本後，不論日本真言宗的大師或是台密的大師，釋經論法都以此疏為依據。

在《大日經疏》中，一行結合佛教各宗如華嚴、天台、淨土、唯識及儒家的觀點，把《大日經》中一些隱含的意義都解釋出來了，更主要的是系統地組織了密宗的理論和儀軌；因此，對於密宗來說，本疏的地位十分重要，同時也是了解一行佛學思想的重要途徑。

《疏》依《經》而立；所以，在介紹《疏》中一行的佛學思想之前，先簡單介紹《大日經》的結構及大意。

《大日經》簡介

本經傳譯

唐密根本有兩部大法，一是「胎藏界」，所依的是《大日經》；一是「金剛界」，所依的是《金剛頂經》。《大日經》者，是唐密的根柢、密教的泉源。

由善無畏三藏所主持翻譯，一行阿闍梨參與其中，並依善無畏的講解及自己的觀點作《大日經疏》；此疏是一行參與的主要著作，也是其所學所用的主要經典之一，所以是我們了解一行思想的主要途徑。以下先簡單介紹《大日經》。

首先，這部經有三本之說——

（一）法爾恆常本：指法身如來及其眷屬恆常不斷說此三昧，這是法爾自性之說，故稱法爾恆常本，不顯現於紙墨之中。

（二）分流廣本：指龍猛菩薩於南天鐵塔內親承金剛薩埵傳授的版本，有十萬頌、三百卷，但未曾傳到中國。

（三）分疏略本：善無畏三藏所譯的就是分疏略本，經文共七卷、三千餘頌，是摘錄十萬頌之宗要而成。前六卷三十一品是經文，後一卷五品是供養法；前後本不同部，後來卻合為一經。前六卷由沙門「無行」帶入中國，後由善無畏三藏，於長安福光寺譯出，一行阿闍梨筆受。第七卷是善無畏於開元十三年（西元七二五年）譯出，有說此卷是善無畏自己從印度帶來。

至於本經之命名，需先說明佛經之命名——立題——方式。凡佛所說的經典，有「七種立題」；包括如來所說的三藏十二部一切經典，一切經典都不超出這七種立題方式。這七種立題就是「單三、複三、具足一」。

「單三」是指（一）單人立題、（二）單法立題、（三）單喻立題。

（一）單人立題：例如《佛說阿彌陀經》，「佛」是個人、「阿彌陀」也是個人，所以叫「單人立題」。

（二）單法立題：例如《大般涅槃經》，「大般涅槃」是單單的法，所以單單地由法來建立這個題目。

（三）單喻立題：喻就是「比喻」。例如《梵網經》，「梵網」就是個比喻，用大梵天王重重交錯的因陀羅網來比方這部經。

上列單單以人、法、喻立題，所以叫「單三立題」。

「複三」是指（一）人法立題、（二）人喻立題、（三）法喻立題。

（一）人法立題：例如《文殊問般若經》，「文殊」是個人，「問般若」

是個法，這叫人法立題——有人、有法，用人和法合起來建立這個題目。

（二）人喻立題：例如《如來獅子吼經》，「如來」是個人，「獅子吼」是個比喻，比喻佛說法時猶如獅子吼，所以這是以人和比喻立題。

（三）法喻立題：例如《妙法蓮華經》，「妙法」是個法，「蓮華」是個比喻，所以《妙法蓮華經》是個法喻立題。

具足一：就是人、法、喻都具足。例如《大方廣佛華嚴經》，「大方廣」是個法，「佛」是個人，「華嚴」是個喻——以萬行的「因花」莊嚴無上的「果德」。《大方廣佛華嚴經》有法、有人、又有喻，這叫「具足一」。

《大日經》又名《大毘盧遮那成佛神變加持經》，依梵本音譯為「摩訶毗盧遮那勃陀悉地修多覽因陀羅嚩惹」，是「人」、「法」、「喻」具舉圓備的。

《疏》中對經題作如下解釋——

「大毘盧遮那成佛神變加持」者，梵音「毘盧遮那」（vairocana）者是日之別名，即除暗遍明之義也；此日非世間之日。然後，一行又舉例說明除暗遍明的佛日與世間日有種種不同：

然世間日則有方分，若照其外不能及內，明在一邊不至一邊，又唯在晝光不燭夜；如來智慧日光則不如是，遍一切處作大照明矣，無有內外方所晝夜之別。

復次，日行閻浮提，一切卉木叢林隨其性分各得增長，世間眾務因之得成；如來日光遍照法界，亦能平等開發無量眾生種種善根，乃至世間、出世間殊勝事業莫不由之而得成辦。又如重陰昏蔽、日輪隱沒亦非壞滅，猛風吹雲、日光顯照亦非始生；佛心之日亦復如是，雖為無明煩惱戲論重雲之所覆障而無所減，究竟諸法實相三昧圓明無際而無所增。

由上以種種例子可以看出，世間的太陽不可與佛日相提並論，現在僅取其少分相似比喻佛日，所以前面加了個「大」字，名「摩訶毘盧遮那」。

「成佛」者，具足梵音應云成「三菩提」（saṃbodhi），是正覺正知義。謂以如實智，知過去未來現在、眾生數非眾生數、有常無常等一切諸法皆了了覺知，故名為覺。而佛即是覺者，故就省文但云「成佛」也。

「神變加持」者，如果離開如來的威神之力加持，則十地菩薩尚不能領受佛陀的境界，何況尚在生死境界中的凡夫。所以世尊往昔發大悲願，而作是念：「若我但住如是境界，則諸有情不能以是蒙益。」所以如來於自在神力加持三昧，普為一切眾生示種種諸趣所喜見身、說種種性欲所宜聞法、隨種種心行開觀照門。故曰「神變加持」。

本經品目

《大日經》前六卷共三十一品，分兩大部分。第一部分即第一品〈入真言門住心品〉，為該經「教相」部分，也就是講該經的基本教義，或者說基本義理、基本理論和思想。

第二部分即第二品〈入曼荼羅具緣真言品〉至第三十一品〈囑累品〉，為該經的「事相」部分，也就是講密法和修行實踐，包括基本內容、主要方法、器具條件、規則方式等；其中，第二品是該部分的中心，講該經的主要密法。後一卷五品是供養法。

《大日經》全七卷，品目如下──

第一卷

第一：**入真言門住心品**。此品說一經之大義，以「菩提心為因」、「大悲為根」、「方便為究竟」之三句為綱。於「如實知自心」中，金剛手發為九問，毗盧遮那如來以偈答之，復說「八心」、「六十心」、「百六十心」、「三劫」、「十地」、「六無畏」、「十緣生句」等，總明真言之教相，所謂眾生自心品，即是一切智智也。這是此一部經之教相總說。

第二：**入曼荼羅具緣真言品**。此品中廣說修真言行者所必須具足的擇地造壇等外緣和灌頂護摩加持等法。是如來顯現支分生曼荼羅，而揭示祕密心地之體性，這是為來世眾生顯示構成圖畫曼荼羅的模範者。如來本意是欲使弟子真正入祕密曼荼羅，但因劣慧之真言行者不能信受無相祕密曼荼羅，故設心外有相壇，顯示修行證入的方軌，亦即具緣曼荼羅。

第二卷

第三：**息障品**。說修真言行者淨除內外障難的方法。

第四：**普通真言藏品**。此品中金剛手祕密主及普賢菩薩等曼荼羅海會諸尊一切菩薩各說真言。「阿」字是一切諸真言心，在真言中最為上妙！

第三卷

第五：**世間成就品**。闡述世間之息災、增益、敬愛、降伏等之悉地成就。

第六：**悉地出現品**。說成就出世間悉地的行法，有三月念誦和四種阿字門等。

第七：**成就悉地品**。闡明內心的悉地及修證悟入的方便。

第八：**轉字輪曼荼羅行品**。此品中，將「阿」字當作百光遍照王，「阿」字之光明成百千萬億字門而顯現，又揭示百千萬億字門歸於「阿」字的旨意。於阿字門，一切法轉。

第四卷

第九：**密印品**。此品中開示身密，說諸手印，所說之印數總計有一百三十九。真言行者以此密印加持自身，能與如來之法界身同等。

第五卷

第十：**字輪品**。此品中說，從「阿、娑、嚩」三字轉生迦、遮、吒、多、波……等字的觀修方法，顯示諸佛的意密。經中謂，真言行菩薩若住此字輪觀，從初發淨菩提心乃至成佛止，在這期間的自利利他之種種事業，因此法門之加持力，皆可得成就。

第十一：祕密曼荼羅品。此品以字輪詮示如來祕密內證之德。說真言行者入祕密曼荼羅的行法，又三種灌頂、五種三昧耶等。

第十二：入祕密曼荼羅法品。此品是揭示能入之人即真言菩薩，能通悟祕密曼荼羅法而至方便。開示真言大阿闍梨將使受法弟子入此祕密曼荼羅，以字門法教弟子燒盡業障，而入祕密曼荼羅。

第十三：入祕密曼荼羅位品。此品開示真言行者入佛三昧耶，安住於平等大空位之方便。

第十四：祕密八印品。祕密八印是：（一）大威德生印，（二）金剛不壞印，（三）蓮華藏印，（四）萬德莊嚴印，（五）一切支分生印，（六）世尊陀羅尼印，（七）如來法住印，（八）迅速持印。

真言行菩薩入住祕密曼荼羅中，加持此八印及真言時，本尊依此加持妙力，自然地降臨道場。

第十五：持明禁戒品。此品宣說持明者於六個月持誦真言期間，應護持的禁戒。

第十六：阿闍梨真實智品。此品敘說由此「阿」字出生之心，是阿闍梨真實智，「阿」字為遍一切處之曼荼羅的真言種子。

第十七：布字品。前品從一單字「阿」入門，稱為入門法，入門遁之在法如空性，此品繼以「布」論。「布」者「佈」也，在行者自身之上中下佈置種子，是為將諸佛之萬德具備於其身。行者住於「阿」字淨菩提心地，將一切的字門佈置於身之分支，是以行者身顯示成為遍一切處普門法界曼荼羅之意。

第六卷

第十八：受方便學處品。此品揭示方便學處，可為真言行者之用心，同時示密戒。密教護持戒中有二：一為「制戒」，持明禁戒品所明示者即為此戒；二為「方便禁戒」，即為本品所說之戒相。「學處」指作為大乘菩薩當然應學之處，而其戒相是十善戒、十重禁戒、五戒、四重戒等。

第十九：說百字生品。此品談「不空」，亦即進一步說明「暗」字義。「阿」字到「暗」字，前者為「理」，後者為「用」，前為大日，後為金剛薩埵，述世間法也，俗稱橋梁法。此處經文自「暗」字衍生二十五字，各自施予四轉而成百字；將「暗」字稱為「百光遍照王」，即為此意。以「暗」字為成佛之要諦，三世十方之諸佛，依觀此字而能成正覺，故此為成佛之直道、現證之妙行。

第二十：百字果相應品。上品敘說「百光遍照」之行儀，此品是揭示「遍照果地」之萬德。前品是闡述「暗」字百光之圖曼荼羅，此品敘說三密及與此字門相應。

第二十一：百字位成品。此品中揭示百字成就相。說由百光遍照三昧成就瑜伽，更以觀空實的智慧方便，觀意生曼荼羅。

第二十二：百字成就持誦品。此品闡述百光遍照王之「暗」字門成就三十二相、八十隨好的持誦法則。

第二十三：百字真言法品。此品中揭示「暗」字字體「阿」字之德。阿字即是本尊，行者之心，如與此「阿」字義相應，就能達至諸法之源極，具足眾德而得通一切佛法。

第二十四：說菩提性品。此品所述之要義為淨菩提心，說明菩提性周遍法界，等於虛空，即是阿字門，即是一切智的住處。

第二十五：三三昧耶品。三三昧即三平等之義。說「發心、智、悲」、「佛、法、僧」、「法、報、應身」三平等法，即心、智、悲三者平等，佛、法、僧三者平等，法身、報身、應身三者平等，故稱三三昧耶；由觀此三昧安住無相菩提。

第二十六：說如來品。此品述說菩薩、佛、正覺、如來等義。住於如實菩提心，且樂求彼之菩提者，名為菩薩。滿足十地，達至法之無性，上冥會於法身，下契合於六道者，名為佛；覺法之無相，圓滿十方者名為正覺；脫離無明之域，安住於自性智者，曰如來。

第二十七：世出世護摩法品。此品闡述外道護摩有四十四種，佛法之外護摩有十三種，並列舉內護摩、外護摩之眾緣支分及內護摩作業。

第二十八：說本尊三昧品。此品說本尊有字、印、形像之差別，乃至由有想無想的觀緣，而成就有相無相的悉地；應當離一切想，住於悲想。

第二十九：說無相三昧品。此品說遠離諸世間外道等所計諸相的無相三昧，為本經之要旨綱目。

第三十：世出世持誦品。此品說持誦世間出世間真言，有聲、作意、出入息、三摩地四種念誦等法則。

第三十一：囑累品。此品說此大乘密教，只限授與志求勝事乃至聞法歡喜而住等標相的法器佛弟子，令法久住。

第七卷

第一：真言行學處品。此品說供養及念誦曼荼羅海會諸尊的三密行法，及修此三密法所應當護持的戒法。

第二：增益守護清淨行品。此品說修作禮、出罪等九方便及五個印明等清淨行。

第三：供養儀式品。此品說供養曼荼羅海會諸尊的儀式作法。

第四：持誦法則品。此品說觀緣本尊的三密成就悉地的法則，有四支禪門及有相、無相兩種念誦門。

第五：真言事業品。此品說對諸佛菩薩等供養及迴向發願等事業。

以上為《大日經》的結構及其大意。接下來，便依據《大日經疏》簡單介紹一行的主要思想。

一道四乘

漢傳密宗教理的正式形成，以一行大師的判教思想之建立為標誌。一行站在密教的立場上，對當時各家各派的教法進行判別比較，樹立了密宗的特殊地位。一行《疏》的判教論，可概括為一道四乘判教，或頓漸四心判釋、顯密二教判釋，以下整理為「一道、二教、四乘、四心」判教。

一道

道，既是道路，菩提之道，成佛之道的「道」，亦含有教說、教法、乘載的意思，出自「一道成佛」、「佛佛同道」的說法。

《疏》認為，不論何教何乘，都歸趣菩提大道。根據大日法身說的觀點，法身佛大毗盧遮那以神力加持三昧，「普為一切眾生示種種趣所喜見身，說種種性欲所宜聞法，隨種種心開觀照門」。又說大毗盧遮那：

> 為無量眾生廣演分布，隨種種趣、種種性欲、種種方便道，宣說一切智智。所謂安立無量乘，示現無量身，各各同彼言音，住彼威儀。而此一切智道猶

同一味，所謂如來解脫味。

大日如來為法界的中心，是法界之本尊，法界之中所有的一切皆為大日如來所化，萬法皆為大日如來所攝。大日如來既為「一」，所以一行首先以「一道」來統領佛教學中的各家各宗，認為不管哪種教法，歸根結柢都是佛法的內容，並不脫離佛之所說；只要是佛法，就都是通往解脫之路。所有的佛法都是大毗盧遮那佛所說，根據眾生的不同根性、不同愛好、不同因緣，現出無量身形，發出種種法音，對眾生說不同的方便法門，使眾生得到度脫。

因而，不管佛在何時說何法，不管是頓是漸、是顯是密，都是大毗盧遮那加持身所說，無非解脫，不出成佛之道，萬法歸一，異說同歸，一切萬法都歸入不可思議的解脫三昧，本質沒有差別。同時，一道含有一教、一乘的意思，故《疏》中稱此經法為佛性一乘，或祕密一乘，或一切乘自心成佛之教。之後，溫古（善無畏弟子）等人又依此稱密教為圓教。

二教

一道可分為顯、密二教，顯教是漸進之教，密教是頓入之教。密教是如來「祕奧之藏」，很難得的機會才說一次，絕對不傳給因緣淺薄之人；而顯教是對大眾所行的教化，因而稱作顯露常教。一行此處的立場十分明確，認為顯教是密教以外的教，密教才是佛教根本的教法。

四乘

一道再進一步細分為四乘：聲聞乘、緣覺乘、菩薩乘和祕密乘。聲聞乘和緣覺乘統稱二乘，即小乘；菩薩乘與祕密乘可歸入大乘；但祕密乘指密教，是大乘中的頓教。《疏》說：「略說法有四種，謂三乘及祕密乘。」

一道四乘，如同在一條成佛之道前進的四輛車，每輛車的快慢速度卻不一樣。《疏》中引用龍樹的話，以為四乘之差如遠行，小乘如乘羊而去，久久才到；大乘如乘馬而行，速度較快；而密乘如乘神通，於發意頃便至所旨。又說：

今此教諸菩薩則不如是，直以真言為乘，超入淨菩提心門；若見此心明道時，諸菩薩無數劫中所修福慧自然具足。譬如有人以舟車跋涉，經險難惡道得達五百由旬；更有一人直乘神通，飛空而度，其所經過及至到之處，雖則無異，而所乘法有殊。

一行又根據四乘對於佛法實相悟解的深淺，又區分為四種心：出世間心、無緣乘心、極無自性心，如實知自心。

出世間心：

《疏》中言「若染心者即是世間，若染離心即是出世間心也。」小乘對佛法實相的認識，停留在解了唯蘊無我，但心沒蘊中，認識最淺。表現在《阿含》及十二部經中，認識到世間皆為五蘊（受、想、行、識、色）和合而成，因緣變化無常，沒有永恆的本質和主宰；但是，他們認為五蘊和合而成的世界是真實的，不能認識到五蘊也是不真實的。

無緣乘心：

即「他緣大乘心」也，有「他、無」兩義；約於菩薩之大悲緣他眾生而謂之他緣，約於菩薩之大智緣心外無法而謂之無緣。《疏》中言：

梵音莽鉢羅（māpara），是無義，亦是他義。所謂「他緣乘」者，謂發平等大誓，為法界眾生行菩薩道，乃至諸一闡提及二乘未入正位者，亦當以種種方便折伏攝受，普令同入是乘，約此無緣大悲，故名他緣乘。又「無緣乘」者，至此僧祇，始能觀察阿陀那深細之識，解了三界唯心，心外更無一法而可得者，乘此無緣心而行大菩提道，故名無緣乘也。

無緣乘心解悟「人無我」和「法無我」，以大乘唯識宗為代表。大乘唯識宗對諸法實相的認識叫做無緣乘心，主要表現在《楞伽經》、《解深密經》、

《勝鬘經》、《寶性論》中。這些經文區分法相，解脫八識、三性，最終結論是三界唯心，心外無境。唯識派觀察阿賴耶識的深密法相，認識到阿賴耶識的種種作用如夢如幻、如光如影，如幻變之城，但都把阿賴耶識的範疇執為實有，這當然不能算是對諸法實相的根本證悟。

極無自性心：

《華嚴經》所說圓融法界之理也。真如無自性，故緣起為萬法；所起之萬法，亦如真如之性無自性。故萬法互相即相融，蓋華嚴法界之理，為究極為無自性之理者，故曰極無自性。《疏》中言：「如說極無自性心十緣生句，即攝華嚴、般若種種不思議境界，皆入其中。」《祕藏寶鑰．下》曰：「善無畏三藏說，此極無自性心一句，悉攝華嚴教盡。所以者何？《華嚴》大意，原始要終，明真如法界不守自性隨緣之義。」

極無自性心是大乘空宗對諸法實相的認識，表現在《般若》類經典以及

《華嚴》諸經中，說種種不可思議解脫境界。極無自性心觀察世間萬有皆因緣而生，無常變易，因緣本身亦為因緣所生，幻起幻滅，最終沒有根本可以把握，甚至於當下即空，無須推究，也就是說諸法畢竟無生。

一行對極無自性心頗為讚賞，但他隨即指出極無自性心的缺陷：極無自性心仍然不是對諸法實相的直接證悟，仍然依賴於思辨觀察、對佛法進行推理論證；依靠的方法也就決定了，極無自性心雖能認識到諸法空性，卻難以很快地契入實相境界。

如實知自心：

對於諸法實相最高的認識是由祕密乘完成的，叫做如實知自心。如來之智見，如實知自己之見也。《大日經》中言：「祕密主，云何菩提？謂如實知自心。」《疏》中言：

如實知自心，即是開示如來功德寶所也。如人雖聞寶藏，發意懃求，若不知其所在，無由進趣。（中略）此法從何處得耶？即是行者自心耳。若能如實觀察，了了證知，是名成菩提。其實不由他悟，不從他得。問曰：若即心是道者，何故眾生輪迴生死，不得成佛？答曰：以不如實知故。

如實知自心，也就是諸法實相身我證悟。修行者依賴三密神力加持，在一念心中直接觀知十緣生義，從佛界至眾生界，一切事相了了覺知，一切法義自然證悟，這就叫做一切智智。祕密乘初發心時就要直觀自心實相，認識達到了最深點。

通過「一道、二教、四乘（四心）」的判教，密宗與其他宗派的區別得到理論上的論證，作為中國佛教獨立宗派的密宗正式形成了。

心實相論

《大日經》主要講心性問題：講心、講自心、菩提心，此經第一品就名之為〈入真言門住心品〉。住心，就是講如何認識、把握對治、安住內證自己的心性。一行認為此品內容體現了該經的中心議題，並作了高度概括。

此品統論經之大意，所謂眾生自心，即是一切智智；如實了知，名為一切智智。是故此教諸菩薩，真語為門，自心發菩提，即心具萬行，見心正等覺，證心大涅槃，發起心方便，嚴淨心佛國。從因至果，皆以無所住而住其心，故曰〈入真言門住心品〉也。

「一切智」通於聲聞、緣覺、佛三者；今為區別佛智與前二者，故稱佛智為「一切智智」。眾生自心本來具足一切智智，只是我們現在不能如實了知。所以《大日經》教菩薩，以真語為方便之門，令眾生從自心發起菩提之心，即心具萬行，見自內心菩提正等覺，證自心大涅槃，發起心方便，嚴淨心佛國，這一切都不離眾生自心，這些都是以「無所住而住其心」所得。

就「無所住而住其心」這一點，可以看出一行是從鳩摩羅什的中觀思想角度來討論《大日經》的心性論；而且，一行在《大日經疏》裡多次引用《大智度論》的內容來詮釋《大日經》。他認為本經所說的就是「心實相門」是頓悟成佛的法門，其中這裡所說的「心實相」就是我們平時所說的諸法實相。《大日經》說菩提就是如實知自心。一行認為「心實相者，即是無相菩提，亦名一切智智」，如實知自心，就是如實證知自心之實相，眾生自心之實相，即是無相菩提。

一行認為，「若見心實相時，自然離如是一切戲論分別也。以不知心實相故而生妄執，名為凡愚；若了知者，即名諸佛也。」也就是說，眾生因為不能如實證知自心之實相，故處於無明；又無明顛倒生妄執，故產生貪愛等種種煩惱；因煩惱而起種種業，由業入六道輪迴。心或自心，有兩重含義：一指心識，也就是人的認識和意識活動；一指由心識所顯現的外在世界，世界是過去、現在心識活動所反映出來的結果。

一行認為：

虛空無垢即是心，心即是菩提，相本同一相，而有三名耳，即此一法界心。

> 雖因緣畢竟不生，而不壞因緣實相。以不生故，則無能所之異；以不壞故，亦得悲為根本。方便波羅密滿足，即是究竟不思議中道義也。

在這裡，一行將「心、心實相（虛空相）」兩者聯繫在一起，更進一步解釋它們之間的關係。它們不是對立的，是一體不二，心就是心實相，心實相就是菩提；相本同一，而有三名，是名為一法界心。

心與心之實相的這種關係，即《大日經》的「自心、菩提心」的本質上為一切智智，所以直接說如實知自心、自心尋求菩提及一切智智，也就是《疏》解釋的心自證心，心自覺心，自心自證，自心自覺。

《大日經》認為心即是道，心即一切，心無分別，心無能所。求證菩提，當如實證知自心。但如何證知呢？

> 經云「佛告金剛手，菩提心為因，悲為根，方便為究竟」者，猶如世間種子，籍〔藉〕四大眾緣，故得生根如是次第，乃至果實成熟名為究竟。然以中智觀之，畢竟不生不滅，是故因果義成。若法不然，有生滅斷常之相，則墮於

戲論，皆悉可破，因果義不成也。今行者觀心實相亦復如是，出過一切戲論，如淨虛空。

引文說明，求證菩提應該「菩提心為因，悲為根，方便為究竟」，以此為次第，直至佛果。但是，從中觀的角度來看，菩提究竟是不生不滅的；只有站在中觀的角度，這種成佛因果才能成立；如果脫離中觀之見，就會有生滅斷常之相，墮入戲論，不能成佛。

一行認為，經言心不在內，不在外，及兩中間，心不可得。如《摩訶般若》言：

以無量門入諸法實相。今欲舉其宗要，但觀內外十二處，即攝一切法也。行者心無始來，多於內法取著心相，故先於內六處，以即離相等方便，一一諦觀心不可得，無生無相、無有處所。

也就是說，要如實證知自心，可以有無量的方法從不同的角度認識自心實相。對於無量法門我們可以從觀內外十二處入手。由於我們從無始以來，多執著於自己的內在之法，所以我們可以從內六處，開始著手。即對眼根、耳根、鼻根、舌根、身根和意根等六根進行一一觀照，觀心不可得，無生無相、無有處所。

就本性而言，心實相無有變易，永恆常住；一切性相悉從緣生，從緣生法，即是無常，有生有滅，所以這種表象並非真實自性。就三昧觀相而言，心實相離一切相，無有分別；凡所觀心相，都是有相，亦從緣起，而心實相出過眾相，離諸因緣。

一行並說明如何觀心之無相，其《疏》云：

初觀陰界入時，即陰求心、離陰求心皆不可得，相在亦不可得，故即時懸悟自心本不生際，於如來知見大菩提道中遠塵離垢，得法眼淨。若不作如是方便先從著處觀之，而但言是心遍一切處、畢竟無相，則一切眾生無由悟入。當知此觀最為祕要法門也。

「陰、界、入」即五陰（蘊）、六界與六入，這是佛陀對人的分析。「五蘊」

即是色、受、想、行、識，這是側重於分析內心活動。「六界」為地、水、火、風、空、識，是側重於分析器世間，即外界的物質世界的實質。「六入」是眼、耳、鼻、舌、身、意，是側重於人體層面的分析。總括來說，陰、界、入即是我們身心活動的全部。一行認為，我們不管是從陰、界、入求心，或離開陰、界、入尋求自心，皆不可得，相在亦不可得，乃至種種分析推求亦不可得。

對「陰、界、入」進行這樣的觀察和認識過程，就可以懸悟自心本不生際，而本不生際就是即空即假即中，是究竟不思議中道義。本不生際是從觀相認識得出的結論。如果眾生不從觀察「陰、界、入」的方便入手，只是說心遍一切處，畢竟無相，則眾生無入門著力之處，求悟無門。所以，觀察「陰、界、入」是最為祕要的法門。這也是一行《疏》中心實相的具體內容，是一行心實相論的特點。

一行又《疏》云：

> 今真言行者，於初發心時直觀自心實相，了知本不生故，即時人法戲論淨若

虛空，成自然覺，不由他悟，當知此觀復名法明道頓悟法門也。

一行認為密教的修行者（可泛指一切佛道修行者），在初發心時就應該直接開始觀察自心實相，了知自心實相本來無生，人和法皆是虛妄猶如虛空，則能自證菩提，不由他悟。這就是「法明道」，這也是頓悟法門。此外一行還從兩個角度來解釋「法明道」者：

一，以得「淨菩提心」為法明道。經云：「此菩薩淨菩提心門，名初法明道。菩薩住此修學，不久勤苦，便得除一切蓋障三昧。」菩薩修此法門，不用很久便能除一切蓋障得菩提三昧，名得「除一切蓋障三昧」。這個法明道就是頓悟法門。

二，以「覺心本不生際」為法明道。「法明者，以覺心本不生際，其心淨住生大慧光明，普照無量法性，見諸佛所行之道，故云法明道。」行者覺心本不生際時，淨菩提心住生大慧光明。這兩種解釋一個從因上解，一個從果上解。因果一體不二。

解釋了「本不生際」和「淨菩提心」是一體不二，一行進一步把經中真言「阿字義」，與「自心本不生際」的實相論巧妙地聯繫起來，其《疏》云：「本不生際者，即是自性清淨心，即是阿字門。以心入阿字門故，當知一切法悉入阿字門也。」「阿」，即梵文母音字母अ。

《大日經》說「阿字本不生」義，並以阿字為大日如來之根本真言。卷二〈入曼荼羅具緣真言品〉中以阿字等諸字門為真言教法，而且還主張真言常住論，其云：

此真言相非一切諸佛所作，不令他作，亦不隨喜。何以故？以是諸法法如是故。若諸如來出現，若諸如來不出，諸法法爾如是住。謂諸真言，真言法爾故。

祕密真言並不是諸佛所作的，因為真言本來如是，本來常住。

這就是《大日經》之「本不生」義。一行在《疏》中引用善無畏之言：

阿闍梨言，若（真言）佛菩薩所說，則於一字之中具無量義。且略言之：阿字自有三義，謂不生義、空義、有義。如梵本阿字有本初聲；若有本初，則是因緣之法，故名為有。又阿者是無生義；若法攬因緣成，則自無有性，是故為空。又不生者即是一實境界，即是中道。故龍樹云：因緣生法，亦空亦假亦中。

一行攝取了他師父善無畏給阿字以「不生、空、有」三義的解釋，確定了他實相論本不生的中道含義。一行認為：

阿字門一切諸法本不生故者，阿字是一切法教之本。凡最初開口之音皆有阿聲，若離阿聲，則無一切言說，故為眾聲之母。凡三界語言皆依於名，而名依於字，故悉曇阿字亦為眾字之母。當知阿字門真實義，亦復如是，遍於一切法義之中也。所以者何？以一切法無不從眾緣生，從緣生者，悉皆有始有本。今觀此能生之緣，亦復從眾因緣生，展轉從緣，誰為其本？如是觀察時則知，本不生際是萬法之本，猶如聞一切語言時，即是聞阿聲。如是見一切法生時，即是見本不生際；若見本不生際者，即是如實知自心；如實知自心，即是一切智智。故毗盧遮那唯以此一字為真言也。

此處，一行很巧妙地從真言阿字義，推導出萬法之本的「本不生際」，再由本不生際聯繫「如實知自心」和「毗盧遮那」之阿字真言的關係。此一字真言既是入如實知自心之門。

前文提及，一行雖然心和心之實相作為兩個概念，但兩者又是一體不二的。所謂如實自知，自心即是淨心，心相即是實相；不如實自知，則心與心之實相、自心與菩提心有分別，是對立的。《疏》云：「夫法界者，即是心界；以心界本不生故，當知法界亦本不生。」「故法界者，唯是自證常心，無別法也。」又，心實相猶如虛空，其性常住，離諸因緣；自無始以來本來無生，無有染汙，常住不變。自心實相雖然常住，但如果要觀察認知自心實相，就不能不借助因緣，如前面的觀「陰界入」之法，由因緣而生起次第心相。

然後把握菩提心漸次生起之心相，觀察十緣生句，對治心相垢塵。經云：「祕密主！若真言門修菩薩行諸菩薩，深修觀察十緣生句，當於真言行通達作證，乃至如實遍知一切心相。」

一行《疏》的心實相論，對後來的中日密教思想有直接的影響。

三密相應

對唐密有過一些瞭解的人應該都知道，密教重視身口意三密加持的修行方法，這是密宗與其他宗派最明顯的不同之處。一行認為：

入真言門略有三事：一者，身密門；二者，語密門；三者，心密門，是事下當廣說。行者以此三方便自淨三業，即為如來三密之所加持，乃至能於此生滿足地波羅密，不復經歷劫數備修諸對治行。

「三密」是密宗獨有的修持方法，通過如來三密加持，自淨三業，此生即身成佛，不用經過數劫的各種對治修行。這是密宗在修持方法上優於其他宗派的重要因素。

一行在《疏》中詳細論證了三密說，並且將其根據意義、表現的不同，將其分為方便三密、如來三密兩種三密，以下就兩種三密分別予以介紹。

方便三密說

方便三密，或「瑜伽三密」，就是指修持的三密而言，或又稱為「有相三密」、「眾生三密」。

一行認為，「謂始從師處受瑜伽法，略有三事，謂心觀本尊、口有真言、身有法印，汝當如是觀之。」隨後，一行對「三事」——即三密的內容進行了更為詳細的闡述——

「身密」者，就是諸佛的身印。如四種大曼荼羅——大曼荼羅、三昧耶曼荼羅、法曼荼羅、羯磨曼荼羅——

大曼荼羅（Maha Mandala）：即總聚諸尊之壇場及諸尊之形體，並圖畫壇場之全體及每一諸尊。欲呈顯的要義在於「妙理遍於一切處」，故呈現為「萬象森列、圓融有序」的結構。

三昧耶曼荼羅（Samaya Mandala）：「三昧耶」為「本誓」之義。描繪象徵諸尊的「器杖」（如寶劍、蓮華等）和「印契」（手式），藉此象徵諸尊之誓願。

法曼荼羅（Dharma Mandala）：也稱「種子曼荼羅」，表示諸尊種子真言及一切經之文字義理。

羯磨曼荼羅（Karma Mandala）：描繪諸尊之威儀事業的曼荼羅，以及佛、菩薩的塑像、畫像等。藉此呈顯「瞻仰如來事業威儀」。

一一本尊各有密印；若觀此身印，就能知道這位本尊所表示的祕密之德。「語密」者，就是諸尊所說的真言。（眾生）聽到此段真言後，便能知道這位本尊的內證之德。

「意密」者，就是本尊瑜伽之觀。與此本尊意密相應，即能入如來意祕密之藏。

在此，身語意三密，上從佛菩薩位，中及二乘、下至諸天八部等，有無量差別。廣而論之，乃至十世界塵數各各不同；略而言之，如此經中所表之位，謂皆表如來身口意祕密之德。若能如實了知，即同於祕密主也。

如來三密說

如來三密，又稱「平等三密」。如《疏》中所言：

如來種種三業，皆至第一實際妙極之境。身等於語，語等於心，猶如大海遍一切處，同一鹹味，故云平等也。

可見，所謂的平等三密，就是身語意三密平等如一，無有差別；了知三密平等如一，才能是如來三密。

一行進一步說明：

謂從一平等身，普現一切威儀；如是威儀，無非密印。從一平等語，普現一切音聲；如是音聲，無非真言。從一平等心，普現一切本尊；如是本尊，無非三昧。然此一一三業差別之相，皆無邊際不可度量。

前面提到，如來的三密是身語意三密平等如一的；推而廣之，法界曼荼羅中呈現出的一切舉止、聲音、本尊，都是平等三密的具體顯現。進而，毗盧遮那佛的身、語、意三密，以及世間的一切聲音、一威儀、一切心、無邊際一一三業差別之相，都是如來三密在世界上的體現。

隨後，一行在《疏》中解釋道，由此身口意三道真言故，如來得超入三平等地，隨上中下類普門示現種種本尊之身、種種真言、種種印法，等同虛空、無有其分限，普周法界而度群生，究竟皆令同得超入如是三平等地也。身具無量功德，猶如虛空不可知其限量，語意亦爾；由觀此真言故，得如是功德，同於如來也。由三業無盡故，若應以身度人，即普現種種色身；若應以語度人，即普門示現種種語言，隨宜導示，令得入於佛之知見；若應以意度人，亦如是種種感通不可窮盡。

由此可見，如來三密，是指法身佛「毗盧遮那佛」之身密、語密、意密。前面提到一切三密都是如來三密。這裡反過來說，如來入三平等地（三密平等），示現種種本尊之身，種種身口意三密，等同虛空、無有限量，其普現一切法界而度眾生。令眾生皆得如來平等三密，身口意業功德等同於如來。由三業無盡故，所以如來隨緣普現種種色身、示現種種語言，令眾生得入佛之知見；如果如來隨緣以意度人，也是同樣有種種不可窮盡的感應的。

一行做出以上的詳細說明，闡釋密宗密法之由來與體現，以展現毗盧遮那佛三密之要義。

三密相應成佛說

一行認為，如來以平等三密度人；所以，我們只要堅持修持方便三密，感應如來三密，以此便可自淨三業，成就佛果。

如此，在我們眼前展現出了這樣一個密宗修持理論：以方便三密來感應如來三密，究其原因是由於，感應如來三密，便會有三密加持，從而可以「令一切眾生，見身密之色，聞語密之聲，悟意密之法。」如此，眾生便可清淨三業，成就佛果。

「阿」字觀

阿字觀是唐密裡面很基礎的修行法門，不論是《金剛頂宗發菩提心論》，還是《大日經》，金胎兩部大法都要從阿字觀修起。這是密法的一個根本，而且「阿」字包含顯密二教所有一切法門。

一行很巧妙地從真言阿字義，推導出萬法之本的本不生際，再由本不生際聯繫如實知自心和毗盧遮那之阿字真言的關係，認為此一字真言即是入如實知自心之門。

一行於《疏》中予以解釋並說明修法：

善調心及氣息，一氣誦阿字門相續不間，力極息還又復誦之，或一息或三息，乃至令有所覺觸也。以如是一緣方便故，即入三昧。

經云「以阿字門作出入息，三時思惟。行者爾時能持誦，壽命長劫住世。」此明阿字菩提心不生不滅門。若欲住壽長久者，想阿字同於出入息（謂以此字作出入息，令出入分明不斷也）。若短命者，如是想念，日日三時思惟，即得常壽也。祕說者，字及句並本尊為三時也。

若欲攝一切毒，想是阿字，或自或他想在身。若如自在者，想此字於有毒之處，漸遍身分而驅下之；毒漸漸下，字亦逐之，逐出盡即除也。毒有二種：一物之毒；二有情毒，謂龍蛇等毒也。若祕說者，毒謂三毒。三毒盛時欲除，亦如前作，謂逐之令盡也。

「願囉惹等之所愛敬」者，即以阿訶字門作所應度者。謂若欲令人愛念及彼歸依者，想阿字作其自身，想訶字作彼身；自身想持商佉（法螺），又想蓮華即彼持之，互相觀看，心中誦此阿字。設彼忿怒憍慢，亦即愛心順伏也。祕說者，若欲攝伏其心，想自作阿字，想心作訶字，心有蓮華、手有商佉，而令相順，即能攝伏也。一切難伏者亦可伏之，謂上煩惱及隨也。

如上所說，此阿字一門能入三昧、能延壽、能調伏自身身心之毒、能使人相互生敬愛之心，能得如是種種世間、出世間功德。

雖然在阿字觀法醇熟時，要求做到日日三時思惟，行住坐臥中綿綿不斷（這裡的三時指晝夜三時，即「晨朝、日中、日沒」的晝三時，和「初夜、中夜、後夜」的夜三時）。作為初學者或者是初次體驗，建議以三十分鐘或一個小時為限。以下從調身、調息、調心、出定四方面予以說明——

一、調身：

修習這一觀法時，首先要調身，通常是採用「七支坐法」。這個法先是在坐上修，阿字觀坐上修好，醇熟之後再坐下於行住坐臥之日常中修，遍及一切無不是「阿」，最後證得不生不滅、不垢不淨、不增不減、非一非異，阿字豈有界限？本質上沒有界限，亦即究竟的智慧是沒有界限的，如虛空法身，遍一切處，那是果。平常講果的勝義比較多，阿字是從因上修；但此因也是本具的，不是遠因，是現前因；如菩提心為因，也是果中因。

所謂「七支坐法」，就是指肢體的七種要點：

（一）雙足跏趺（雙盤足）。如果不能雙盤，便用單盤；或把左足放在右足上面，叫作「如意坐」；或把右足放在左足上面，叫作「金剛坐」。開始習坐時，若單盤也難以做到，也可以把兩腿交叉架住。

（二）脊樑直豎。使背脊每個骨節，猶如算盤珠子的疊豎。身體衰弱或有病者，初步不可太過拘泥直豎，更不可以過分用力。

（三）左右兩手圜結在丹田（小腹）下面，平放在胯骨部分。兩手心向上，把右手背平放在左手心上面，兩個大拇指輕輕相拄。這個手印就叫做「法界定印」。

（四）左右兩肩稍微張開，使其平整適度為止，不可以沉肩駝背。

（五）頭正，後腦稍微向後收放。前顎內收（不是低頭），稍微壓住頸部左右兩條大動脈管的活動即可。

（六）雙目微張，似閉還開，好像半開半閉地視若無睹。目光隨意確定在座前七、八尺處，或一丈一、二尺許。（如平常多用眼睛工作的人，在靜坐之初，先行閉目為佳。）

（七）舌頭輕微舔抵上顎，猶如還未長牙之嬰兒酣睡時的狀態。

二、調息：

如上坐好後，觀出入息。不是數息，只是把心收回到呼吸上，就是要觀氣的進出、觀氣的通道，這是觀呼吸的一個根本點。

先是微微張口，腹中空氣由腹中丹田之位，經過胸中、喉嚨緩緩吐出。當腹中空氣吐淨後，閉口靜默，再緩緩用鼻子吸氣。觀氣的通道，由鼻孔、鼻腔、然後進到喉、進到氣管、進到胸，胸再向下進入檀中穴（約位於兩乳頭正中央），再向下到丹田，丹田再擴散到全身。這是一個循環。

三、調心：

如果眼前有阿字畫像，先觀眼前之阿字，然後在自己的心中有一阿字；如無畫像，則直接觀心中有一阿字即可。

吐氣時口微張，發輕微的阿字音，其聲逐漸變小，最後到無聲。這個念誦過程有三個階段：第一階段出聲「阿」字，有聲到無聲，出聲到了一定程度就沒有聲音了；其次是無聲出氣的階段，聲帶不震動了，還有氣出；氣出完了以後更關鍵，氣也沒有了，心中還有一個阿，此心中的阿觀想應連續不間斷。然後就是閉口，用鼻吸氣，此時不發阿字聲，但心中那個無聲的阿字還在。

就像如此，出聲、出氣、無聲、吸氣全部都有個阿字，全部都住在這個阿字上。

四、出定：

散開定印，打坐結束。要起坐（出定）之前，心要先動，告訴自己要起坐了，身體跟著慢慢搖動，然後搓熱兩掌，用搓熱的手掌心敷壓眼球；再用雙掌按摩臉部。然後合掌於座中頂禮大日如來，把打坐的功德予以回向。

修行次第

一般修學佛法有「信、解、行、證」四個次第；這是總的修學次第，不管大小乘或顯、密教都有如此次第。以下，我們先根據《疏》說明「信、解、行、證」次第，然後再講唐密的修行次第；密宗的修行次第是別，信解行證的次第是共；別中有共、共中有別，兩者不可分割。此處先說共，後說別，一一介紹

《疏》中的修學次第思想。

信、解、行、證

一行的密宗理論構架，濃縮了密宗的整體理論，其中也涵蓋了佛性論、修持論、佛果論三大部分。這三大部分和信、解、行、證次第大概的對應關係是，「信」與「解」屬於佛性論的部分，「行」屬於修持論的內容，「證」是佛果論的重點。

然而，這樣片面地去理解一行的密宗理論構架，卻不免有失偏頗。「信」與「解」，雖然主體是屬於佛性論的部分，但「信」與「解」也是貫徹於整個修持過程的。而在修持論方面，「行」固然是重點，但是「證」和「行」也是相輔相成的進程。最後，在佛果論裡，雖然是屬於「證」的部分，但它和前面的信、解、行是不可分割，因果一體的。

現在我們簡單地介紹一下《大日經疏》裡，對信、解、行、證四個次第的解釋。

（一）「信」

「信」在佛教中是最初的內在要求，也是極為重要的組成部分。「信」有二義，一者為信心，是指相信佛法之義。二者為信力，是指因為信佛法而具有更多的動力之義。

如《疏》中所言：「我第一甚深法微妙，無量無數不可思議，不動、不倚、不著，無所得法，非一切智人則不能解，故以信力為初。」「佛法大海，信為能入。」佛法的殊勝之處，非凡夫所能籌量，唯信能入。特別是密法的殊勝之處，遠勝其餘法門，所以最初的信心顯得更為重要；又如《疏》中所言：「獨有信力堅固者依此祕密方便乃能入之耳。」

又如《疏》中所言：「歸依三寶，隨順如來律儀，於一日中，受八齋法；由聖戒所防護故，寂靜安樂；以安樂故，則信賢聖所行。」我們如果按照佛陀的要求如律修行，就算只有一天我們也能生起法樂，從而更能深信三寶的殊勝。而在修行過程中的證悟，又能讓人生起更強烈的信心，如《疏》中所言：「由信心故，能入如是法中，修行得證倍復生信。」

所謂「信」之第一義與第二義，從根本上講，都是對佛法產生的信心；並且由於信奉佛法，從而產生對佛的信仰，因此「信」才可以使修持得到結果。第一義與第二義之所以不同，無非是因為產生「信」的階段不同而已。第一義是初入義之信的產生，能夠使眾生入於佛法之中。

第二義是深解義之信，無論在佛法的修持、領悟、得證中都會出現，因得到佛法的加持而歡喜，以至於加深對佛法的信心。所以，深解義之信並不僅只屬於佛性論的部分，在修持論與佛果論中皆有所體現。

（二）「解」

「解」為理解佛法之義；簡單地說，就是指理解佛法，善解如來真實義。然而，「解」不同於「悟」，理解不等於領悟。「解」的意義就在於指導自己修行，能明白自己要做什麼，為什麼要這麼做。

在一行的佛學思想中，也有隱含的深意。「解」可以正解，也可以誤解，更加可以邪解。對於佛法的理解有所偏差，有主觀上判別的因素，自然就形成了不同的見解，所謂佛陀以音聲說法，眾生各得其解。唯有正解，正確理解佛法之義，才能為之後的修行提供正確道路和指導。

《疏》言：

吾今說之，亦為未來弟子，明此囑耳，深心受法之儀式也。故釋論云：若人心善直信，是人可聽法；若無是相，則不能解。

一行在這裡就根據《大智度論》對「信」與「解」的次第予以說明：有「信」方能入於佛法之中；也就是說，只有真正信佛法之人，才能理解佛法。「信」是條件，只有滿足這個條件之後，才可以真正地正確理解佛法。所「信」是入佛之門，「解」是由信生解；「解」則是「行」的基礎，只有正確理解佛法的要義，才能正確修行。然後，在修行過程中，產生出種種了悟，在了悟後又會產生種種理解；在修持中，以對佛法的正解為指引，又兼以修持，驗證理解。由於佛法的殊勝，所以世人難以相信；所以，如來以自己的力量加持我們，使我們對佛法的殊勝法門生起信解。如《大日經疏》中言：

如來已證平等法界，以本所願大悲力故，以神力加持而現此方便身密之門，為令一切眾生皆得信解，同入一切智地。是故如是等印，當知從佛信解生也。

佛陀以神力加持，展現方便法門，令眾生皆得信解，而這種信解是因佛而起的。

又「解」有正誤之分，所以《大日經疏》強調：

修真言行者本為除遣惑業，當體解法界無生滅淨染，離諸分別，知此真言之體即是法界之體也；若了知真言之體即同法界、等於大空，自然能得無相三昧。故悉地現前，當生如是信解也。

修行者應該瞭解法界無生滅淨染、離諸分別，真言即是法界，兩者不二，這才是修行者應該生起的、正確的對佛法之理解，才能證得無相三昧，悉地現前。

一行認為，「信解者，始從真正發心乃至成佛，於是中間通名信解地。」所以，「解」之義，不能單獨拿來進行闡述。信解存在於直至成佛的過程中，信解行證是一個相互關聯，相互增長的整體。以信為入，理解為基礎，實踐修行為過程，最終是以證得佛果，得到解脫為目的；這中間所有的次第，都有對佛法的再次理解。

（三）「行」

有了對佛法的信心和理解，自然就可以開始進行佛法的修行，這就是「行」的表層意義。所以，將「行」理解成修行、修持，這一點是沒有錯誤的。

但是，「行」是一種持續精進的行為，它需要信心來提供動力，用「解」來指導修行。修行的最終目的是為了超越自我、得到解脫，成就佛果，廣度眾生。修行是眾生對佛法理解的一種實踐，最後達到究竟不思議之境界。

一行認為，「所以云菩薩身者，謂本行菩薩道時，次第修行地波羅蜜，乃至第十一地。」修行菩薩道時，要按照次第進行，以至於達到第十一地；換言之，修行是持續不斷的，有著一個階段接一個階段的過程；在這樣的過程中，滿足了每一個階段性的目標，達成了階段性的成果，方才可以進行下一步的修持。如是眾多境界都是一個線性的過程，要一一滿足方能有所成就。

正因為「行」是一個持續精進的過程，所以在《大日經》中便主張：「祕密主，愚童凡夫類，猶如羝羊，或時有一法想生，所謂持齋，彼思惟此少分，發起歡喜，數數修習。」亦即，修行可以從生活中的點滴開始做起，在修行的過程中會生起法喜，然後又因此產生持續修行的動力，進而之後數數修習。

一行認為，「若諸行人殷勤修習，能令三業同於本尊，從此一門得入法界，即是普入一切法界門也。」由法樂而生起動力殷勤修習，就可以讓我們的身口意三密與佛相應，證入法界。

《疏》中言「修行得證，倍復生信。」所以，「行」是與「證」緊密相關的。對修而言，它的主要內容便是修持，以自己理解到的佛法進行指導，從而實踐。以修持進行深層理解佛法的實踐中，必然有自我證悟；這種證悟在修持過程中，會形成自己對佛法進一步的信解。如此一來，久而久之就會形成自己獨特的感「悟」。

（四）「證悟」

「悟」就是了悟、覺悟的意思。佛法廣大無邊，眾生根機不同，修行的方法不同，對於佛法的感悟的方式以及內容層次也有所不同。《疏》中云：「以自在神力，令一切眾生，見身密之色，聞語密之聲，悟意密之法。」可見，密宗主張，修行者自身的了悟，有很多佛菩薩自在神通力的加持，同時也通過身密以及口密的方便力，領悟佛陀意之密。了悟密法，需要一個過程，這個過程便是上文所說的「行」。

一行在對緣起性空的理解中，也包含了對「悟」的描述：「眾生亦爾，不知緣起性空，有法想生；若悟實相，即想本不生也。」所以，「悟」不同於「解」的「有法想生」，而是「想本不生」；更不等於「修」，是依「解」與「修」

的緣而達到的一種境界。這裡說的「悟」有兩種，一種是在修行過程中得到的小悟，非究竟悟；另一種是大徹大悟，即是究竟悟。

以非究竟悟而言，既然這樣的覺悟是一種對佛法的一時領悟，自然談不上圓滿。以究竟悟而言，究竟之義就是圓滿、完全之義。究竟悟，可以認為是完全、圓滿地了悟、覺悟佛法，對佛法完全通透，再無一絲障蓋，隨後就是圓滿三業求證佛果。

從根本上講，「悟」是一種狀態——了知、了悟佛法的一種狀態。在這種狀態下，對佛法有了明確深刻的認識，所以才能達到一種「不思議」的境界。然而，自身依舊是凡胎肉身，了悟不等於得證，自身的三業依然沒有得到圓滿清淨，故而不可能、也不可以直接得到不可思議境界，依然要進行佛法的修持。

一行言：「心王猶如池水，性本清淨；心數淨除，猶如客塵清淨。是故證此性淨時，即能自覺心本不生。」這裡的「證」與「悟」都是貫通始終的，兩者是互相聯繫的：

今以如幻等門，照有、空不二；而人、法二空之相，亦不當心，乃名真入法空，悟唯識性故。但以方便自淨其心，若三業清淨，當於是中自得明了，而自覺悟也。

亦即，一行認為，這些「悟」，依然要遵循「悟後修，悟後證，證後悟」這樣的次第，三業清淨才能夠最終有所成就。

行證階位

如《經》中言：「菩提心為因，悲為根，方便為究竟。」密宗的修行首先要發菩提心和大悲願，這也是一切大乘佛教的前提，而非密宗獨有。在此，「方便」是指密宗特色的三密方便。

又《經》中言：「是故此教諸菩薩真語為門，自心發菩提即心具萬行，見心正等覺、證心大涅槃，發起心方便嚴淨心佛國。」此處再次強調了發菩提心的重要性，只有發菩提心才能見心正等覺、證心大涅槃，發起心方便嚴淨心佛國。而這裡提到的證菩提之門為「諸菩薩真語」，即為密宗的真言咒語。是屬於三密中的口密；但是，三密一體，所以這裡的入菩提之方便之門又可以是方便三密。這是基本的修證之法。

密宗的行證階位，雖從因至果，皆不外乎顯佛的境界；但表德有分滿，內證有差別，不得不在無階級上安立階級。故《大日經》說有「六無畏」、「十地」、「三劫」的位次，以示此宗行證的階位。其中，十地、三劫的位次說，在顯教中也廣為採用。故此處先說十地和三劫；至於「六無畏」——善無畏、身無畏、無我無畏、法無畏、法無我無畏、一切法自性平等無畏——則將於「影響」第二部分中列舉說明。

十地次第

《疏》云：

謂初發心欲入菩薩位故，於此真言法要方便修行，得至初地。爾時以無所住進心不息，為滿第二地故，復依真言法要方便修行，得至第三地。爾時以無所住進心不息，為滿第四地故，復依真言法要方便修行，得入五地。如是次第，乃至滿足十地，唯以一行一道而成正覺。

在這裡十地次第即為：一、歡喜地，二、離垢地，三、發光地，四、焰慧地，五、難勝地，六、現前地，七、遠行地，八、不動地，九、善慧地，十、法雲地。又，此十地即是表示菩提心十轉開明的功德，地地具有十波羅蜜，位位具足理智的萬德而無有高下。

三劫成佛

《疏》云：

越世間三妄執出世間心生者，若以淨菩提心為出世間心，即是超越三劫瑜祇行。梵云劫跛，有二義：一者時分、二者妄執。若依常途解釋，度三阿僧祇劫得成正覺。若祕密釋，超一劫瑜祇行，即度百六十心等一重麁妄執，名一阿僧祇劫。超二劫瑜祇行，又度一百六十心等一重細妄執，名二阿僧祇劫。真言門行者，復越一劫，更度百六十心等一重極細妄執，得至佛慧初心，故云三阿僧祇劫成佛也。若一生度此三妄執，則一生成佛。

以上引文先是指出，佛教行者一般而言要經歷三大阿僧祇劫方能成佛——初劫：斷粗妄執；即斷執著心外諸法實有之妄心，不依此心而執五蘊和合之人體為實有，遂生自他之別。

第二劫：斷細妄執；即斷執於五蘊等法有實性、生死涅槃二法為實有之妄心。

第三劫：斷極細妄執；即斷無明惑，斷執於一切法有能所，而與平等法界相違之妄心。

但是，如果真言行者能夠在一生中便斷三妄執，則能一生成佛。

如果以「六無畏」和三劫配對，則前四者乃初劫之位，第五者乃第二劫之位，第六者乃第三劫之位也。但三劫就所度之妄執而立之，六無畏就能度之淨心而建立。

一生成佛

「一生成佛」也是《大日經疏》中強調的一種說法。顯教中一般認為，眾生罪業深重，須經三阿僧祇劫才能漸除業垢，修至佛道。但是，一行對其他宗派修行到最後是否能夠成就佛果有一定的懷疑。《疏》中曾言：「若餘乘菩薩，志求無上菩提，種種勤苦，不惜身命，經無數阿僧祇劫，或有成佛或不成佛者。」也就是說，一行認為，顯宗的修行者即使經過三阿僧祇劫的修行，也有可能不成佛。

對於密教來說，一行如前所述，明確地說道：「若依常途解釋，度三阿僧祇劫得成正覺。若祕密釋……若一生度此三妄執，即一生成佛，何論時分耶？」在這裡，一行明確地提到兩點：第一，密宗修行者，通過三阿僧祇劫能成佛，而不是顯宗的或有成佛或不成佛者。第二，如果密宗修行者能夠在一生中度此三妄執，則可超越三阿僧祇劫、一生成佛。一行從這兩點凸顯了密宗的優越性。

換言之，一行認為，修行成佛不在於修行時間的長短，而是與修行的方法有關。如果在一生之內，以最有效的方法修行，對治三妄執，使得成佛的條件一一滿足，一生成就佛果也不是不可能的事。所以一行說，「行者以此三方便，自淨三業，即為如來三密之所加持，乃至能於此生，滿足地波羅密，不復經歷劫數，備修諸對治行。」最後，「今此真言門菩薩，若能不虧法則，方便修行，乃至於此生中，逮見無盡莊嚴加持境界；非但現前而已，若欲超升佛地，即同大日如來，亦可致也。」

在密宗關於度三阿僧祇劫的問題上，一行認為，「大乘行者，了達諸蘊性空故，於一切法中，都無所取，亦無所舍；雙離違順八心，我蘊兩倒二種業煩惱網，是名超越一劫瑜祇行。」而後，「行者解諸蘊唯心，即是知法自性」、

「心性常無生滅，覺此心本不生。」隨之「復離百六十心等，塵沙上煩惱一重微細妄執，即是超越二劫瑜祇行也。」最後，「越世間三妄執出世間心生者，若以淨菩提心為出世間心，即是超越三劫瑜祇行。」由此，觀一切法無自性，了達無自性心，若證知自心即是心實相，即度一重極細妄執，超越三劫而成佛。

從這裡可以看出，一行認為，眾生自心就是心實相，眾生本來就具足清淨本性。只要以曼荼羅修法為條件，行方便三密，便能開發自心菩提，而從度三阿僧祇劫，成就佛果。

成佛及法身差別

前面說完修行次第及「一生成佛」，接著略述密宗的三種成佛和五種法身。

一、理具成佛

謂一切眾生的身心，即是金胎兩部的本體。所謂胎藏界的理體，金剛界的智德，於凡夫中本來具足，眾生與佛同一法性。此即謂之理具成佛。

二、加持成佛

謂眾生即具本覺的功德，復以修習瑜伽之故，與諸佛相互感應；而此三密加持，遂成即身成佛的妙行；依此妙行，以開顯眾生本有的果德。此即謂之「加持成佛」。

三、顯得成佛

謂修行成滿，證入無上的悉地，本來具足的理智萬德，至此完全開顯。此謂之「顯得成佛」。

又，此三種成佛，亦可以本有、修生二門。約言之，理具成佛，即謂人人具有本來之佛體，屬本有門；加持成佛與顯得成佛，即謂三密加持、顯發真如本性的一切萬德祕藏，此均屬於修生門。依本有門，即是顯示實相的真諦，發心即到，不歷階位；依修生門，便又是顯示實相的俗諦，從本不生中，假立行位。

以下再介紹五種法身之說——

（一）自性法身

理智法性，具足常住，為法爾恆常說法的法身。

（二）受用法身

此又有二：自受法樂，名「自受用法身」；為十地菩薩而顯現，名「他受用法身」。

（三）變化法身

為初地以前之菩薩、二乘、凡夫所現之丈六「應身」。此應身為八相成道，轉變無窮；且緣謝即滅，機興則生，亦是法爾之作，故稱變化法身。而內說祕密（內證），外宣顯之一代教主，即為此等法身。

（四）等流法身

隨一切天人鬼畜、六道含靈示現同類的身形，而隨流化度，皆是法爾的作用，九界同等，即名等流法身。

（五）法界身

法界身即是「地、水、火、風、空、識」六大的體性，法身如來，具此六大；六大體性周遍法界，如來法身亦遍法界，因之此身名法界身。

如上五種法身，悉是大日如來一大法身；十方三世諸佛菩薩、天龍鬼神、有情無情，悉是此毗盧遮那的法身所攝。

在密宗的教義上，所謂「六大」，即是大日法身的當體；「四曼」，即是大日法身的當相；「三密」，即是大日法身的業用。金胎兩部曼荼羅塵數諸尊，悉是大日如來法身顯現。密宗所顯的果地，略說如上。若廣言之，便可廣攝此宗一切言教；因為，此宗的教法，完全建立於如來的果地上。

貳・由《大日經・住心品》了解唐密教相

毗盧遮那一切身業、一切語業、一切意業，一切處、一切時，於有情界宣說真言道句法。又現執金剛、普賢、蓮華手菩薩等像貌，普於十方宣說真言道清淨句法。

一行流傳下來的著作不多，《大日經疏》就是其中之一。前文已經提過，《大日經》與《金剛頂經》同為唐密的兩大根本經典，《大日經》主胎藏界，《金剛頂經》主金剛界。

「胎藏界」是大日如來理性的表現，象徵大日如來的理德；此理德可以攝持一切諸法，具有理、因、本覺、化他等義，猶如母胎收藏其子，所以稱為「胎藏界」。

「金剛界」是大日如來智慧的表現，此智慧具有智、果、始覺、自證等義，猛利猶如金剛，可以摧破一切煩惱，所以稱為「金剛界」。

但是，在如來的教法中，理、智是圓融不二的，故「金、胎不二」，兩者之間並無高低主次之分。不過，《大日經》主要描述如來開悟的真理世界，《金剛頂經》則主要講述如何體會如來真理以及開悟的方法。所以，從了解教理的途徑來說，從《大日經》入手來了解唐密的教相，比《金剛頂經》更為方便直接。

此經又可分為兩部分，第一部分即第一品〈入真言門住心品〉，為該經教相部分，也就是講該經的基本教義。

第二部分即第二品〈入曼荼羅具緣真言品〉至第三十一品〈囑累品〉，為該經的事相部分，是講密法和修行實踐。這事相部分是屬於祕密，須通過灌頂方可深入學習。

此外，一行認為《大日經》中的第一品〈入真言門住心品〉是全經之綱，統論全經大意。可見〈入真言門住心品〉之重要。

此品說一經之大義，以「菩提心為因」、「大悲為根」、「方便為究竟」之三句為綱。於「如實知自心」中，金剛手發為九問，毗盧遮那如來以偈答之，復說「三十外道」、「八心」、「六十心」、「三劫」、「十地」、「六無畏」、「十緣生句」等，總明真言之教相，所謂眾生自心品，即是「一切智智」也。一行充分開闡了經文的奧義，其內容博大精深，如果我們能多加研習，必能了解到唐密「教相」的真實。

以下，便依據《大日經疏》的解釋，簡單介紹一下此品大意。

通序及別序

根據《疏》中所說，這七卷的略本原來本無通序，現在的通序是按照慣例加上去的——

通序

《經》一時薄伽梵住如來加持廣大金剛法界宮，一切持金剛者皆悉集會。如來信解遊戲神變生大樓閣寶王，高無中邊，諸大妙寶王種種間飾，菩薩之身為師子座。其金剛名曰：虛空無垢執金剛、虛空遊步執金剛、虛空生執金剛、被雜色衣執金剛、善行步執金剛、住一切法平等執金剛、哀愍無量眾生界執金剛、那羅延力執金剛、大那羅延力執金剛、妙執金剛、勝迅執金剛、無垢執金剛、刃迅執金剛、如來甲執金剛、如來句生執金剛、住無戲論執金剛、如來十力生執金剛、無垢眼執金剛、金剛手祕密主，如是上首，十佛剎微塵數等持金剛眾俱，及普賢菩薩、慈氏菩薩、妙吉祥菩薩、除一切蓋障菩薩等諸大菩薩，前後圍繞而演說法，所謂越三時如來之日加持故，身語意平等句法門。

一行於《疏》中有所說明：

此經梵本，闕無通序，阿闍黎云：毗盧遮那大本，有十萬偈，以浩廣難持故，傳法聖者，採其宗要，凡三千餘頌，雖真言行法，文義略周，以非大經正本故，不題通序，今以例加之，於義無傷也。

引文中所提到的「阿闍黎」，即是善無畏三藏；「傳法聖者」，即是龍猛菩薩（龍樹菩薩）。序文中列舉了金剛菩薩名數；其中，金剛眾有十九位執金剛等，為內眷屬；菩薩眾有四大菩薩等，為大眷屬。

《疏》又說明，因有毘盧遮那內證之德的加持，從一一智印各現執金剛身，形色性類皆有表象，各隨本緣性欲引攝眾生。若諸行人殷勤修習，能令三業同於本尊，從此一門得入法界，即是普入一切法界門也。

這裡主要說明執金剛眾的能化與所化之相。一、「能化本跡之相」：諸執金剛，皆毗盧遮那一一智印。二、「所化行證之相」：各隨本緣性欲，引度眾生。同時，《疏》也認為，四大菩薩「亦是毘盧遮那內證功德」，而且「此四菩薩，即是佛身四德（常、樂、我、淨）」。

對於最後一句「身語意三平等句法門」，《疏》中如此解釋：如來種種三業，皆至第一實際妙極之境，身等於語、語等於心，猶如大海遍一切處同一鹹味，故云平等也。

「平等法門」就是以平等身口意祕密加持為所入門，謂以身平等之密印、語平等之真言、心平等之妙觀為方便故，得見「加持受用身」（大日如來可分「本地法身」與「加持受用身」；本地法身指如來之自證極位，加持受用身為說法之教主），如是加持受用身即是毘盧遮那遍一切身，遍一切身者即是行者平等智身。

是故住此乘者，以不行而行，以不到而到，而名為平等句。一切眾生皆入其中，而實無能入者，無所入處，故名平等。而平等法門，便是此部經中所說的主要內容。

別序

《經》時彼菩薩，普賢為上首；諸執金剛，祕密主為上首。毗盧遮那如來加持故，奮迅示現身無盡莊嚴藏，如是奮迅示現語意平等無盡莊嚴藏，非從毗盧遮那佛身或語或意生，一切處起滅邊際不可得。而毗盧遮那一切身業、一切語業、一切意業，一切處、一切時，於有情界宣說真言道句法。又現執金剛、普賢、蓮華手菩薩等像貌，普於十方宣說真言道清淨句法。所謂初發心乃至十地次第此生滿足，緣業生增長有情類業壽種除，復有芽種生起。

這一段別序總共有三節：

一、言示現佛身充滿十方一切世界，恆常宣說此清淨句法；自「時彼菩薩，普賢為上首」以下至「於有情界宣說真言道句法」止。

二、言所現金剛菩薩等身，亦復遍一切處宣說此清淨句法；自「又現執金剛」等以下至「普於十方宣說真言道清淨句法」止。

三、正釋此所謂清淨句者，即是頓覺成佛神通乘；自「所謂初發心」等以下至「復有芽種生起」止。

此序文中主要是佛菩薩示現宣說清淨法句，如《疏》云：「所謂清淨句者，即是頓覺成佛神通乘（即密教）也。」所以這裡稍微解釋一下最後一句關於清淨法句的內容。

《經》「所謂初發心乃至十地次第此生滿足」

《疏》中解釋道，所謂「初發心乃至十地次第此生滿足」是說，如密教之外的宗乘菩薩，志求無上菩提，種種勤苦，不惜身命，經無數阿僧祇劫，或有成佛，或不成佛者；今此真言門菩薩，若能不虧法則（真言法門），方便修行，乃至於此生中見無盡莊嚴加持境界，不只是聖境現前而已。若欲超升佛地，即同大日如來，也可達致——即一生成佛。

而行者初發心時，得入阿字門，即是從如來金剛性生芽。當知此芽一生，運運增進，更無退義，乃至成菩提，到增無可增處，然後停息。故云「次第此生滿足」。

此處所言「次第」，有不住義、精進義、遍行義。也就是說，初發心者，欲入菩薩位，依此真言法要，方便修行，便得至初地；以無所住，進心不息，便至第二地；再依真言法要，方便修行，得至第三地；又以無所住，進心不息，至第四地；再依真言法要，得入第五地……如是次第乃至滿足十地。唯以一行一道而成正覺，若於異方便門（特殊的方便法門）開顯密意，亦皆不離如是寶乘也。

《經》「緣業生增長有情類業壽種除，復有芽種生起。」

《疏》中解釋道，所謂「緣業生增長有情類業壽種除」——「緣業生」謂有情眾生因為癡愛之因緣，造身口意種種虛妄不淨之業，乘如是業，生六趣身，增長輪迴，備受諸苦。

「業壽種除」則是說，今修平等三業清淨慧門，一切蘊（聚集之義）阿賴耶之業壽種子（即生滅種子），皆悉焚滅，得至虛空無垢大菩提心。

「復有芽種生起」者，既修此平等三業清淨慧門，除一切蘊，阿賴耶之業壽種子，則一切如來平等種子，從悲藏中，生法性芽，乃至莖葉花果，遍滿諸法界，成萬德開敷菩提樹王。然以四不生（龍樹《中觀論》立四種不生：不自生、不他生、不共生、不無因生）義觀之，都無所起，亦無起處；當知此生，即是大空（究竟之空寂）生也。故云「有情類業壽種除，復有芽種生起」。

三句問答：智慧之「因、根、究竟」

關於三句問答，因為經文較長，故此處中間省略，只引用最核心的三個問句。

《經》爾時執金剛祕密主於彼眾會中坐，白佛言：「（中略）世尊，如是智慧，以何為因？云何為根？云何究竟？」

執金剛手，慈悲示現，代替眾生向佛發起三句提問；此三問實則為此經之宗要所在。

《經》佛言：「菩提心為因，悲為根本，方便為究竟。」

這是佛對執金剛手三句問的對應回答。對此《疏》中解釋道：「猶如世間種子，藉四大眾緣，故得生根。如是次第，乃至果實成熟名為究竟。」這裡用世間的種子成長比喻，凸顯因、根本、究竟的次第及重要性。

要注意的是，這僅是比喻，只是為了大眾能形象理解；如果執著於這種比喻，又會墮入生滅見。所以，《疏》中又引用中觀的觀點說畢竟不生不滅、因果一體。接下來便依次解釋佛陀這三句回答。

菩提心為因

一行主張「菩提心即是白淨信心」，並《疏》云：

今行者觀心實相亦復如是，出過一切戲論，如淨虛空，於內證所行得深信力，薩婆若心堅固不動，離業受生，成就真性生，萬行功德，從此增長。故曰菩提心為因也。

前面提到，依中觀的觀點來看，因、根、究竟三者一體，不生不滅。這裡再次強調，真言行者通過觀心實相也能明白此中道理。這「心實相」非世間的語言能表達，如淨虛空的「虛空」。行者於內證所行，得深信力；由此信力，使「薩婆若心」堅固不動，離業受生，成就真性，萬行功德亦得以增長。

「薩婆若」意譯為「一切智」，即為佛智；故簡而言之，觀心實相能得深信力；由此信力，能生佛智（此生是離業受生，非生滅法）。所以說「菩提心為因」。《疏》又云：

譬如有人聞善知識言，汝今宅中自有無盡寶藏，應自勤修方便而開發之，可使周給一國，常無匱乏。彼人聞已，自生諦信，如說而行。

這個比喻中的「自有無盡寶藏」、「自勤方便」、「自生諦信」幾個「自」

字，便是自我本來清淨，也便是「白淨」。佛法大海，信為能入。如梵天王請轉法輪時，佛說偈言：「我今開甘露味門，若有生信者得歡喜。」此偈中不談持施、戒、多聞、忍、進、禪、慧波羅蜜的人能得歡喜，單獨強調對佛法生信心的人，這就是佛陀的本意。由白淨信心能發起殊勝加行，故一行主張菩提心即是白淨信心也。

大悲為根

一行對「大悲為根」《疏》云：

根是能執持義，猶如樹根，執持莖葉花果，使不傾拔也。悲梵音為「迦盧拏」，「迦」是苦義，「盧拏」是剪除義。慈如廣植嘉苗，悲如耘除草穢，故此中云悲，即兼明大慈也。

一行於此明確指出，佛陀雖說大悲為根，但是這個「悲」字同時包含了

「慈」之義，同時具足拔苦與樂之功。大悲為根，實則為「大慈悲」為根。

一行並提出行大慈悲的要點：

且如行者修供養時，若奉一花或塗香等，即以遍一切處淨菩提心，與供養雲，普作佛事，發起悲願，回向群生，拔一切苦，施無量樂。由自善根及與如來加持法界力故，所為妙業，皆得成就；即是普於一切智地，乃至無餘有情界，皆悉生根也。

這裡提到，行者行大慈悲的幾個要點——

第一，上供諸佛普作佛事。供養時即使是只奉一花或塗香等，也要以遍一切處淨菩提心，使供品化為供養雲，遍一切處供養諸佛。

第二，發起悲願，回向群生，拔一切苦，施無量樂。

第三，以前面的供養、發願等善根，加上如來加持法界力，所為妙業，皆得成就。

這三點即表示，以自身功德力、如來加持力、以及法界力，三力一起所為妙業，皆得成就呀！

一行又進一步解釋「遍一切處」：

隨行者以無住心所修萬行，即由大悲地界所執持故，大悲火界所溫育故，大悲水界所滋潤故，大悲風界所開發生故，大悲虛空不障礙故。爾時無量度門，任運開發，由如芽根枝葉，次第莊嚴，即是於一切心法具足因緣之義也。

這裡借用地水火風空五界，表示慈悲可遍一切處。由此強調，若真言行者依心無所住而行慈悲，則慈悲用度無量，能生諸佛莊嚴，是一切心法具足因緣故。

方便為究竟

《疏》中解釋「方便為究竟」者，謂萬行圓極，無可復增；應物之權，究盡能事，即醍醐妙果三密之源也。也就是說，這種方便是大慈悲行中門方便法的圓滿狀態、究竟狀態。《疏》云：

又，淨「菩提心」者，猶如真金，本性明潔，離諸過患；「大悲」如習學工巧，以諸藥物種種煉治，乃至鏡徹柔軟，屈申自在；「方便」如巧藝成就，有所造作，隨意皆成，規制中權（權變之道），出過眾伎故。其得意之妙，難以授人也。

「菩提心」是因，是種子，猶如真金，本性清淨；「大悲」是根，表行者善學眾藝，以此善巧方便大悲利益眾生。至於此處的「方便」，是指究竟之方便，是一切智智之果；表前者眾藝成就，一切已達究竟。還以此方便利益眾生，即即果還成種。如《摩訶般若》所明六度、十八空（為破種種邪見所說之十八種空）、三昧、道品、總持門等，皆入「大悲」句中，即彼萬行所成一切智智之果，說名「方便」，由內具方便故。方便之業即是利他，亦有「發起」之義，如從種子生果，果還成種，故以此為名。

《經》「祕密主，云何菩提？謂如實知自心。」「祕密主，是阿耨多羅三藐三菩提乃至彼法少分，無有可得。何以故？虛空相是菩提，無知解者亦無開曉。何以故？菩提無相故。祕密主，諸法無相，謂虛空相。」

這一段經文有兩節，分別提到菩提的兩個要點。一、菩提謂如實知自心。二、菩提虛空相。

一、菩提謂如實知自心

《疏》云，這一句即是開示如來功德寶的所在之處。比如人雖聞如來寶藏，發心勤求，但如果不知其所在，則無由趨取，所以如來再次指出菩提出處。如前面所提到的第一甚深微妙之法，乃至非一切智人則不能解者（即只有佛能解），此法（即菩提）從何處得耶？這菩提所在之處即是行者自心呀！若能如實觀察，了了證知，是名成菩提。其實，菩提不由他悟，也不從他得。

問曰：若即心是道者，何故眾生沉溺輪迴生死，不得成佛？答曰：因為眾生不能如實知自心故。所謂愚童凡夫，就是得聞此真言妙法，也少有能生信的；定性二乘（聲聞與緣覺種姓）的修行者，雖然能觀察自心，但未能如實知自心。若能如實知自心，即是初發心時，便成正覺；譬如長者家（指富人）的窮子，與父親相認時，就不會再被當做客人、窮人了！（可參見《法華經》之「窮子喻」）

二、菩提虛空相

《經》是阿耨多羅三藐三菩提，乃至彼法少分，無有可得。

《疏》云，阿耨多羅三藐三菩提，為「無上正遍知」義。所謂「彼法」者，離此無相菩提外，更無一法也。所謂「少分」者，梵言「阿耨」，即是七種極微合成，於從緣生色，最為微小，故以此為喻。

因行者正知心實相，見一切法悉皆甚深微妙，無量無數，不可思議，不動搖，不偏依，不執著，一切都無所得，畢竟如菩提相。故云「是阿耨多羅三藐三菩提，乃至彼法少分，無有可得」也。

《經》何以故？虛空相是菩提，無知解者亦無開曉。何以故？菩提無相故。

祕密主，諸法無相，謂虛空相。

一行《疏》云，「虛空相是菩提，無知解者亦無開曉」者，譬如虛空，遍一切處，畢竟淨故，離一切相，無動無分別，不可變易，不可變壞。因為它與菩提心稍有相似之處，所以用它比喻無相菩提心。但是，無相菩提心還有無量無邊、祕密等甚深之事，並非世間的虛空所能完全比喻的，希望諸學者得魚忘筌（即得意忘言）啊！

又如虛空，遠離戲論分別，無知解相，無開曉相，諸佛自證的菩提也是如此；唯是心自證心、心自覺心，是中無能知解者，非始開曉（即無始無終），亦無開曉之者。就算是只有微塵般的、小小的、認為有能所的分別之心，即是取法於非法相中，這就不離我、人、眾生、壽者之相，又怎麼能被叫做金剛慧（通達實相之理而破除諸相之智，猶如堅固不壞之金剛）呢？

《經》何以故？菩提無相故。祕密主，諸法無相，謂虛空相。

一行《疏》云，「何以故？菩提無相故」者，經中自答：「祕密主，諸法無相，謂虛空相」。如《大智度論》云，佛智慧清淨故，超出諸觀之上。不觀諸法的常相、無常相，有邊相、無邊相，有去相、無去相，有相、無相，有漏相、無漏相，有為相、無為相，生滅相、不生滅相，空相、不空相，常清淨無量，猶如虛空，是故佛智無礙。

因為，如果執著於觀某一相，則障礙於另一種相。例如，若執著於觀生滅者，則得不到觀不生滅法的功德；若執著於觀不生滅者，則得不到觀生滅法的功德。若執著於生滅實，則陷於不生滅不實；若執著於不生滅實，則陷於生滅不實……如是等諸觀皆爾。以如是淨菩提心，超出諸觀，因其離眾相故；於一切法得無掛礙，譬如虛空之相，亦無相故。萬象皆悉依空，空無所依，如是萬法皆依淨心；淨心適無所依時，即此諸法，亦復如菩提相。這就是所謂淨虛空相也。

問答決疑

《經》爾時，金剛手復白佛言：「世尊，誰尋求一切智？誰為菩提成正覺者？誰發起彼一切智智？」

佛言：「祕密主，自心尋求菩提及一切智。何以故？本性清淨故。心不在內、不在外及兩中間，心不可得。祕密主，如來、應、正等覺，非青非黃，非赤非白，非紅紫非水晶色，非長非短，非圓非方，非明非暗，非男非女非不男女。祕密主，心非欲界同性，非色界同性，非無色界同性，非天、龍、夜叉、乾闥婆、阿修羅、迦樓羅、緊那羅、摩睺羅伽、人、非人趣同性。祕密主，心不住眼界，不住耳鼻舌身意界，非見非顯現，何以故？虛空相心，離諸分別、無分別，所以者何？性同虛空，即同於心，性同於心，即同菩提。如是祕密主，心、虛空界、菩提，三種無二，此等悲為根本，方便波羅蜜滿足。是故祕密主，我說諸法如是，令彼諸菩薩眾菩提心清淨，知識其心。」

此段經文可分為兩節：第一節，金剛手問佛誰為能求、誰為所求、誰為可覺、誰為覺者。

上段經文說「虛空相是菩提，無知解者亦無開曉」，既然無知解者亦無開曉，那麼是誰在尋求一切智呢？又誰是菩提成正覺者呢？又是誰發起彼一切智智呢？如是三句，待佛開示，自可明了一切不外自心；明白「如實知自心」才是覺菩提的關鍵所在，自然顯透了。

第二節，如來答說自心尋求菩提及一切智，又約十二處、三界、六界法體而詳示之。

上段經文，自佛開示，已說菩提即虛空。今答金剛手問，則只說一切不外自心，歸結到「心、虛空界、菩提，三種無二」一句；而後「云何菩提謂如實知自心」的微妙，豁然全露，這也是對「菩提心為因」的再一次補充說明。

此段經文，自如來答說「自心尋求菩提及一切智」，至「心不在內」等、「心非欲界同性」等、「心不住眼界」等，乃至「虛空相心離諸分別無分別」、「性同虛空即同於心」、「性同於心即同菩提」，句句不離一「心」字，微妙真實，不可思議。

所謂「如實知自心」者如是，所謂「菩提心為因」者亦如是，三句問答中，對第一句問答，已層層轉釋；而（大悲）根與（方便）究竟的答案，都包含在第一句的菩提因中，所以對第二、三句的問答，自然不用頻繁再為轉釋，故直接說「此等悲為根本，方便波羅蜜滿足」。此段最後云「是故祕密主，我說諸法如是，令彼諸菩薩眾菩提心清淨，知識其心」；有《大日經》乃是以「如實知自心」為宗的說法，應是以此為根據。

《經》爾時，金剛手復白佛言：「世尊，誰尋求一切智？誰為菩提成正覺者？

誰發起彼一切智智？」

一行《疏》云，金剛手聞佛所說義，薩婆若慧（即一切智智、佛智）唯是自心，乃至無有小法出此心者，為未來眾生斷疑惑故，而問佛言：菩提心名為一向志求一切智智；若一切智智即是菩提心者，此中誰為能求？誰為所求？誰為可覺？誰為覺者？又，若離心之外都無一法，誰能發起此心令至妙果？若法無有因緣而得成者，一切眾生亦應不假方便、自然成佛。故佛對此回答如下

——

《經》佛言：「祕密主，自心尋求菩提及一切智。何以故？本性清淨故。」

一行《疏》云，如來答言：雖然眾生實相即是菩提，有佛無佛，常自嚴淨；但是，因眾生不如實自知，即是無明。因為無明顛倒取相，生愛等諸煩惱；因煩惱故，起種種業，入種種道，獲種種身，受種種苦樂；「如蠶出絲，無所因，自從己出，而自纏裹，受燒煮苦（繅絲前先煮蠶繭）。」例如，人間淨水，會隨著是天道或餓鬼道，或將其視為琉璃，或將其看成火焰，各依其心而反映出

不同的各種相貌，也由此得苦樂不同之感受。由此當知，離心之外，無有一法。

修習瑜伽（與佛法相應）者，正觀三法實相，即是見心實相；心實相者，即是無相菩提，亦名一切智智。雖然無相菩提離諸因緣，但也不是無因而得成就的。

然後，世尊為了讓世人能如實知自心，進一步以方便法分別演說。因為，如果只說「以無所因故，自心不生不滅」，則眾生難於理解，所以佛用方便法闡述心的著處。

《經》心不在內、不在外及兩中間，心不可得。

《疏》云，如來於此再次以方便法，分別演說心的著處。如《摩訶般若》以無量門入諸法實相，現在只略述其宗要：我們只要觀內外十二處（眼耳鼻舌身意、色聲香味觸法）不可得，即攝一切法也。行者之心從無始以來，多於向內取法，取著心相；故先於內六處，以即（理事不二）、離（理事差別）相等方便，一一諦觀，心不可得，無生無相，無有處所，而作是念：此心或在外耶？

復於外六處如實觀之，心亦無生無相，無有處所。

如此諦觀後仍惟恐有誤，更合觀之：於兩中間亦不可得，即悟此心實性，本自無生無滅，畢竟常淨，一切戲論猶如雲霧覆披於諸法之上；譬如以寶珠之力使水澄清；水清之後，寶珠便顯現出來；而寶珠並不是從其他地方出現的。

《經》祕密主，如來、應、正等覺，非青非黃，非赤非白，非紅紫非水晶色，非長非短，非圓非方，非明非暗，非男非女非不男女。

《疏》云，前面於一切法說明心實相之後，再次從「真我」的角度說明心實相。此宗辯義，即以心為「如來、應供、正等覺」（皆為佛陀名號），所謂內心之「大我」（如來）也。如有一類外道，因不了解自心的緣故，而作是言：我看見了真我，他的顏色是正青色的，這是其他人所不能見到的；或言真我的顏色是正黃正赤，或言鮮白，或言如胭脂色（今義云紅紫也）；或言我看見真我，他的相貌極長極短，乃至如男子相等，並以此為實（真諦），認為其他說法都是假的。然而，此等眾相，皆悉從緣而生，無有自性，怎能將其作為真實相呀？

為開解如是種種執著，佛解釋道：如來、應供、正等覺，非青色等，為什麼呢？因為，青相畢竟不生，則為非青；青實相不壞，而亦非非青。當知如來、應供、正等覺，無一定相可言，卻也不離如是諸相。

如有外道阿闍黎，在黑月夜中，引諸弟子到大象前告訴他們：我現在就向你們顯示真我。這些弟子，有的用眼睛看，有的用手摸。觀察大象外形的人便說，我們已認識真我，他的顏色是白的、個頭高大；摸到象牙的人則說，真我如尖銳的戈；摸到大象耳朵的人則說，真我像扁平的畚箕；摸到象足的人，則說真我如圓柱；摸到尾巴的人則說，真我如繩索。諸弟子各隨其所見所觸，得到的結果各不相同，雖然再次經過是非爭論，但是終不能如實認識真體。如果瑜伽行者在開發心明道時，照見心王如來，就如同在大白天看見大象的各個細節，就不會發生前面的諍論了。

《經》祕密主，心非欲界同性，非色界同性，非無色界同性，非天、龍、夜叉、乾闥婆、阿修羅、迦樓羅、緊那羅、摩睺羅伽、人、非人趣同性。

《疏》云，這也是應對諸妄執，而說此心不與三界同性也。有諸外道認為，真我之性同欲界、或同色界，乃至謂非想處（無色界）即是涅槃，或言梵王毗紐天（Visnu）等生一切法（即造物主論者）。然此三界皆悉從眾緣生，求其自性，都不可得，哪裡來此心性同於彼性呀？

其次，廣泛地分別無量諸眾生，一一言之，皆不與彼同性。譬如虛空中雨八功德水（佛之淨土有八功德池，八功德水充滿其中，八種殊勝即：澄淨、清冷、甘美、輕軟、潤澤、安和、除飢渴、長養諸根），此水一味淳淨，但是會隨盛裝的器皿產生種種差別，或辛或酸、或溫或濁；然而，八功德水之本性不與辛、酸、溫、濁等差別性相同，當溫度再次回降、渾濁澄清時，八功德水又清涼如故，未曾變易。

又如同真陀摩尼（如意寶珠，遇物即同其色）自身無有定相，不管遇到何物，其顏色都會變成和此物相同；然而，其寶性不與所遇之色相同。若其性與所遇之色相同，則那顏色隨緣生滅時，寶性也應該隨緣生滅。

世尊因要開示大悲胎藏（一切行法皆須由大悲培育，有如胎藏）四生曼荼羅，所以先正開示心實相門，何以故？如行者在本尊三昧中，說有顯形男女等相。然而，這些顯形男女等相都是佛菩薩，普門示現（佛菩薩神通自在，示現種種身，開無量法門）六趣之身。世尊唯恐修學者因不了心由因緣生故，於寶王真性之上生種種戲論，所以佛言：如來非青非黃，乃至此心不與三界六趣同性。行者若能如是觀察，則不障菩提心也。

《經》祕密主，心不住眼界，不住耳鼻舌身意界，非見非顯現。

一行《疏》云，前面說不住三處（內、外及兩中間），已攝一切法，今為未悟者再次一一說明。若心不與諸趣同性，則心是住在眼界等？乃至住在意界？如果心住眼界，然眼從眾緣生故，性相自空，無有住處，哪來心之實相住在眼中？如心住眼界者，乃至「色、受、想、行、識」五陰（五蘊）、「眼耳鼻舌身意、色聲香味觸法」十二入等都是如此，皆應廣說。

又，前面已破種種外道，今說心不住諸法，是為了破邊見（偏執於一邊之見解）聲聞故。如犢子《阿毘曇》中說，譬如四大和合有眼法，如是五蘊和合有人法，是人法在不可說藏中；說一切有道的人則說，神人一切法門中，求不可得，如兔角龜毛常無，而陰、界、入實有自性，以如是戲論法故，不識自心。若能觀心不住諸法，則心無行處，戲論皆盡也。

「非見非顯現」者，如有人言，一切眾生，本有佛知見性，只要無明翳膜消除時，自能見理。或有人言，如是常理，非可造作；只要纏蓋、雲霧消除時，日輪自現。這些都是世俗的說法。如果淨菩提心是可見可現之法，即為有相；凡有相者，皆是虛妄，云何能見無上菩提？

《經》何以故？虛空相心，離諸分別、無分別。

《疏》經中自說因緣，「何以故？」虛空相心，離諸妄執，亦無分別，猶如虛空畢竟淨法，一切色像無能汙染之者。若無分別，即是離一切相也。

《經》所以者何？性同虛空，即同於心，性同於心，即同菩提。如是祕密主，心、虛空界、菩提，三種無二，此等悲為根本，方便波羅蜜滿足。

《疏》如上種種入清淨門，皆為發明自心求菩提義。概括而言：虛空無垢即是心，心即是菩提，本同一相而有三名耳。即此一法界心（超越對立、遠離差別的究極之心），雖因緣畢竟不生，而不壞因緣實相，以不生故，則無能所之別，以不壞故，亦得悲為根本，方便波羅蜜滿足，即是究竟不思議中道義也。

《經》是故祕密主，我說諸法如是，令彼諸菩薩眾菩提心清淨，知識其心。

一行《疏》云，佛已開示淨菩提心，略明三句大宗之後，即統論一部始終，無量方便，皆是為令「諸菩薩菩提心清淨，知識其心」。如此經者，當知一切修多羅（梵文 sūtra 之音譯，意為「契經」），意皆同在此。如釋迦如來所說法者，當知十方三世一切如來，種種因緣，隨宜演說法，無非為此三句法門，究竟同歸，本無異轍，故云「我說諸法如是，乃至知識其心」也。

法明道：入淨菩提心

以下之經文，如來進一步解釋：既然「菩提心為因」，要如何生起菩提心？

《經》「祕密主，云何自知心？謂若分段（區別、差別相），或顯色、或形色、或境界，若色、若受想行識、若我、若我所、若能執、若所執、若清淨、若界、若處，乃至一切分段中求不可得。

「祕密主，此菩薩淨菩提心門，名初法明道；菩薩住此修學，不久勤苦，便得除一切蓋障三昧。若得此者，則與諸佛菩薩同等住，當發五神通，獲無量語言音陀羅尼，知眾生心行，諸佛護持，雖處生死而無染著，為法界眾生不辭勞倦，成就住無為戒，離於邪見，通達正見。

「復次，祕密主，住此除一切蓋障菩薩，信解力故，不久勤修，滿足一切佛法。祕密主，以要言之，是善男子、善女人，無量功德皆得成就。」

這段經文主要分兩部分，第一部分為如來自問自答，詳說「自知心」；第二部分則開示「初法明道」。

上文「云何菩提」段中，闡述如實知自心，此處則闡述「云何自知心？」知自者，就外凡而言；自知者，直顯即心之印，開頓覺成佛之門。前面雖已廣說菩提心相，但因為眾生未能了解玄妙之悟，此段不得不復作方便，說此頓覺成佛入心實相門，亦為明了十方三世一切佛法故，直約諸法，令識其心。如此觀修，實為祕藏的要旨。

「初法明道」即菩薩入淨菩提心門。菩薩住此修學，不久即得「除蓋障三昧」，便與諸佛菩薩同等住，從此以大悲普度眾生，具足方便，乃至滿足一切佛法。這「即身頓證」法門，根本在以菩提心為因。

從佛自問答之後，「云何菩提」以來之三段經文：初詳說菩提，次說菩提心，今說初法明道，詳細闡述菩提心為因。可知此經之教相皆在〈住心品〉，所謂「住心」者，即住菩提心。

《經》祕密主，云何自知心？謂若分段，或顯色、或形色、或境界，若色、若受想行識、若我、若我所、若能執、若所執、若清淨、若界、若處，乃至一切分段中求不可得。

一行《疏》云，上文已就十二處、三界、六界等，種種徵心不可得，且明諸外道小乘皆不入菩提心。今則自我相以至諸法實相，「一切分段中求不可得」，所謂直約諸法，令識其心也。故如來自徵問云「云何自知心」。

「若分段」者，是總舉從緣生法（事物從因緣條件中產生），以法待因緣成（由於事物是因緣而成）必有差別相故，行者當如是觀察。此分段中，何者是「心」，如何分析推求都不可得，即知此心超越眾相，離諸因緣；以知心性常如是故，一切諸法自然不異於心也。

「顯色」謂青黃等，「形色」謂方圓等，「境界」謂六情所對境，即六塵也。為令人易於理解，復依此法觀察：在這些形色各異的物質當中，何者是心？色（物質）本非情，所以無有覺知相，豈能在此中有心可得呢？對於形色各異的物質之類，我們當知一切色塵（眼識所取）中都無心可得，乃至聲、香、味、觸、法等對境也是一樣，於中無心可得。

行者於外塵中，心不可得，復觀內身五蘊，亦如聚沫、泡、燄、蕉、幻化——色如聚沫喻、受如水泡喻、想如陽燄喻、行如芭蕉喻、識如幻事喻，自求性實，都無所有，更不可能在其中有心可得。如是從粗至細，去廣就略，乃至現在一念識，都無住時，皆不可得。

又顯色等乃是因眾緣交會而產生，即空即假即中，遠離一切戲論，而至於本不生際。本不生際者，即是自性清淨心；自性清淨心，即是阿字門。以心入阿字門故，當知一切法悉入阿字門。至此已說觀諸法實相，接下來說明觀於我相。

「若我、若我所、若能執、若所執、若清淨」者，如上於諸陰（蘊）中，種種方便觀心而不可得，何況我、人、壽者等法，這些本來就是安立的假名，怎麼能在其中有心可得呢？「清淨」者，即是外道所認為的最極清淨處，外道以為這就是涅槃，如「長爪梵志」外道執著於「不受一切法」的見解，這也是一樣，執著於觀空智慧，而認為這就是清淨。我們要在這種偏見中，正觀自心無有生處，才能得入真正的淨菩提心。以上便是說明五陰（蘊）之無心。

再述說十八界、十二（入）處，乃至一切分段中，求不可得。五陰、十二入（眼、耳、鼻、舌、身、意六根，加色、聲、香、味、觸、法六塵）、十八界（六根、六塵，加眼、耳、鼻、舌、身、意六識）等義理，《阿毘曇》中已加以說明，此三法已攝一切法。又云「乃至一切分段中求不可得」者，即是《摩訶般若》等中所說明的，如於陰、界、入分析求心，心不可得；當知六度萬行，乃至一切總持三昧門中，種種求心，亦不可得。以心不可得故，是心常樂我淨、非常樂我淨等相，也一樣不可得。

接著，如聲聞人初觀陰（蘊）、界、入時，認為五蘊是我、或離五蘊才是我，皆不可得，「有心可得」的有相也不可得。於八直道（即八正道）中，遠塵離垢，則正法眼生。真言門菩薩也是如此，初觀陰、界、入時，於五蘊中求心、或離五蘊求心，皆不可得，有相也不可得。即時悟自心本不生際，於如來知見大菩提中，遠塵離垢，得法眼淨。

世尊如果不說這些方便法門，讓眾生先從著處觀之，而只說心遍一切處，畢竟無相，則一切眾生無由悟入。所以，當知此觀最為祕要法門。如其餘遠離方便諸菩薩，漸次修習戒定慧，於無量劫以種種門觀人、法二空，猶未能遠離心之影響。真言行者於初發心時，直觀自心實相，而了知「本不生」，明了人法戲論，淨若虛空，成自然覺，不由他悟。當知此觀便是名為「法明道」的頓悟法門。

《經》祕密主，此菩薩淨菩提心門，名初法明道；菩薩住此修學，不久勤苦，便得除一切蓋障三昧。

一行《疏》云，入佛智慧，有無量方便門，今此宗直以淨菩提心為門；若入此門，即是初入一切如來境界。譬如《華嚴經》所說，彌勒開樓閣門，讓善財童子入內，於樓閣內見無量不思議事，難以用語言表達，但進入樓閣內者自然能明了。

「法明」者，以覺心本不生際，其心淨住，生大悲光明，普照無量法性；見諸佛所行之道，故稱為「法明道」。菩薩住此道時，從妄想因緣所有煩惱業苦，皆悉清淨除滅。譬如有人，暗中為利寶所傷，以為是被毒蛇所傷，而想像自己中毒了；其心著執，便生成毒氣，遍入肢體。命欲終時，得遇良醫為之診察，知曉其症狀原因，即時引至當初受傷之處，以明燈照之，猶能見到令其受傷之物，上面仍然有血塗相；其人了知此並非有毒，身中毒氣也由此解除。修行人也是如此，因淨菩提心照明諸法故，少許用功，便得除蓋障三昧，見八萬四千煩惱實相，成八萬四千寶聚門也。

故經云「菩薩住此修學，不久勤苦，便得除一切蓋障三昧。」若得此者，則與諸佛菩薩同等住。其中有五種障礙：

一者「煩惱障」，謂根本煩惱，乃至八萬四千上中下品障蓋淨心，及由宿世偏習故，妨礙道機，不入佛法。

二者「業障」，謂過去及現在世造諸重罪，乃至謗方等經（即大乘經典等），是人雖有得道因緣，因先前的業障未除，種種留難，不入佛法。三者「生障」，謂是人若得勝上無難生處，必當悟道；然乘前業，更受無暇之身（生存環境險惡），即於報生為障，不入佛法。四者「法障」，謂此人已得無障生處，又有悟道之機，以先世曾有障法等緣故，不逢善友，不得聽聞正法。五者「所知障」，謂此人乃至遇善知識，得聞正法；然有種種因緣，兩不和合，妨礙修般若波羅蜜，如《大品般若．魔事品》中廣明，亦是先世或誤人道機，故容易生此障礙也。

《經》若得此者，則與諸佛菩薩同等住，當發五神通，獲無量語言音陀羅尼，知眾生心行，諸佛護持，雖處生死而無染著，為法界眾生不辭勞倦，成就住無為戒，離於邪見，通達正見。復次，祕密主，住此除一切蓋障菩薩，信解力故，不久勤修，滿足一切佛法。祕密主，以要言之，是善男人、善女人，無量功德皆得成就。

一行《疏》云，行者已得淨除五障三昧，爾時於自心中，常見十方一切諸佛，妙相湛然，如觀明鏡，乃至於諸威儀行止，皆不離如是佛會因緣。時諸聖者，常以勝妙方便，啟悟眾生之心，宣說諸般比喻，為聽者釐清疑網，行者隨聞隨喜，開悟之後，便網障隨除，不久成就一切佛法。故云若得此三昧者，即與諸佛菩薩同等住。當知行人，則是位同大覺也；以其自覺心故，便得佛名。然而，其仍非究竟妙覺大牟尼位；就如同淨月，雖其本體無增減，然其明亮是漸增的，乃至每月第十五日，方能引動海潮。

此外，行者猶與如來共同等住，即能以方便力，起五神通（天眼通、天耳通、他心通、宿命通、神足通），不動本心，遊諸佛剎，現種種身語意，興種種供養雲海，以無盡大願，廣修諸度；又因為意根清淨，得以悟解無量語言音聲諸陀羅尼。

比如一世間中三十六俱胝（koti，意為數量之「億」）趣，隨其上中下性種，分成若干族群、方言風俗等，各各差別，得解無量語言音聲諸陀羅尼者，皆能通達此方風俗語言，可用對應的方言等與之交流，於一切世界皆能如此。因行者證得陀羅尼，能知一切眾生心中所想，即所謂能辨明，某些眾生瞋行偏多而貪行薄，或某些眾生貪行偏多而瞋行薄，乃至通塞之相，無量差別，如《釋論》（《大智度論》）裡對「道種智」之說明，菩薩非但意根能得知，乃至觀、聽、嗅、觸，亦皆互用無礙；又能觀眾生根緣，為其消除蓋障，以種種方便成就眾生、莊嚴佛剎、行如來事。當知真言門行者，乃至一生可得成辦也（一生成佛）。

如上所說，一切眾生皆悉如其本性，各種陀羅尼、神通功德本來具足，但被無明障礙覆蓋，不能自知，未能起發如是祕密神通之力。今此真言門修行諸菩薩，以見法明道故，即此一生就能獲得除一切蓋障三昧；得此三昧，即能與諸佛菩薩同住，引發五神通；以五神通獲一切眾生語言陀羅尼，因獲陀羅尼而能知一切眾生心行、大作佛事、廣度眾生；因能廣作佛事而不斷種，則於一切時、一切處常為十方諸佛護持，猶如初生嬰兒，備受父母疼愛，常不捨離。

行者因內具如上功德、外為諸佛護持，所以處於生死而無染著，猶如蓮花出水，不為淤泥所染汙，常於四攝（布施、愛語、利行、同事）方便廣度眾生，乃至無量無邊阿僧祇劫，常在無間獄中，身心精進，熾然不息，無有退沒，不辭勞倦。為什麼呢？因淨菩提心其性法爾如金剛（鑽），如是極堅固性，即是不從師得，住無為戒（即本性戒；因本來具足，故稱無為），無垢無濁，不可破傷（堅固、不退轉、不疲倦）。

戒者，梵語「尸羅」（śīla），意為「清冷」、「清涼」。譬如水性常冷，雖遇薪火加熱，能煮爛諸物，然而其水的本性終不可改變；如果撤除薪火，自然清冷如初。真言行者亦是如此，獲除蓋障三昧時，心之本性即是尸羅，非造作法，不由他得，故言「住無為戒」。如聲聞淨戒，要經由「白四羯磨」（受戒的一問三答過程）等眾緣具足，方始得生，又須方便守護，如防利刺；一期（這一世）壽盡，所受的戒體也隨之消失。無為戒不同於聲聞戒，世世轉生之處，無為戒恆與俱生，不用再次受戒，無有消失之虞。

因持有無為戒，實智增明，直至見不思議中道甚深緣起，制止八顛倒（凡夫執有為生滅之法為常、樂、我、淨，二乘行者執無為涅槃之法為非常、非樂、非我、非淨），遠離二邊（有無、常斷等相對之邊見）。故經云：遠離邪見，通達正見。如迦葉自云：「我們以前都是邪見之人，這都是因為不能正知自心實相的緣故。」是中慧不正故，說名邪見。這是由於凡夫、二乘不能抉擇正知自心實相，乃至空謂不空、不空謂空，不見古佛所行大菩提路。

菩薩因照見心明道，即時無礙智生，於一切法皆悉現前通達。龍樹阿闍黎比喻道：如冶礦人以種種方便，消融礦石，然後成金；就如擁有神通者，能使土木之類即時變成金體。故經云：（密法）不用經歷長久勤修，便得滿足一切佛法也。因此菩薩初發心時即名為佛，真實功德不可度量，如來於無量無邊阿僧祇劫分別演說，也無法說盡。故佛言：（入淨菩提心之）善男子、善女人無量功德皆悉成就。

九句問答：關於菩提心

前面佛所演說，一經大旨之心實相。這裡金剛手為令未來眾生，具足方便，對此法無有疑惑故，以偈問佛，請世尊廣演其義，偈中略有九問：

《經》爾時，執金剛祕密主復以偈問佛：云何世尊說，此心菩提生？復以云何相，知發菩提心？願識心心勝，自然智生說；大勤勇幾何，次第心續生。心諸相與時，願佛廣開演；功德聚亦然，及彼行修行，心心有殊異，惟大牟尼說。

一問：云何了知此心菩提發生？

二問：菩提心生時有何相貌？

三問：有幾心次第而得是心？

四問：心差別之相。

五問：幾時得究竟淨菩提心？

六問：是心微妙功德。

七問：當以何行而能獲得無上悉地？

八問：眾生異熟識心。

九問：眾生殊異之心。

前面講本經大義，總歸於「菩提心為因、大悲為根、方便為究竟」三句中。經文至此，金剛手發起九問，但此九問不離三句義。如問菩提生等，即屬「因」句所攝；問功德聚等，即屬「究竟」句所攝；問行修行等，即屬「根」句所攝。如此可知，此九問不出三句義。總之，整部《經》之始終，皆說三句法門；今此九問，真至《經》終，無非廣開三句義，詳示菩提心也。

《經》摩訶毗盧遮那世尊告金剛手言：「善哉佛真子，廣大心利益。勝上大乘句，心續生之相，諸佛大祕密，外道不能識；我今悉開示，一心應諦聽。越百六十心，生廣大功德，其性常堅固，知彼菩提生。無量如虛空，不染汙常住，諸法不能動，本來寂無相；無量智成就，正等覺顯現。供養行修行，從是初發心。」

因為前面九問中，第四、五、六問皆攝於第三問中，而第八、九問亦皆攝於第七問中的緣故，世尊在此綜合回答金剛手九問中的第一、二、三、七問。即是：

偈自「善哉佛真子」至「一心應諦聽」答第三問，說心續生。

偈自「越百六十心」至「知彼菩提生」答第一問，說菩提生。

偈自「無量如虛空」至「正等覺顯現」答第二問，說菩提相。

偈自「供養行修行」至「從是初發心」答第七問，說行修行。

一行《疏》解「善哉佛真子，廣大心利益」者，以從如來種性生，從佛身語心生，故曰「真子」。如前面世尊現廣大加持境界，今祕密主亦欲普為如是無量應度眾生，使速成如來大行，撕裂大疑礙之網，同時獲得三平等句，無盡莊嚴。故佛歎云：善哉佛子！汝今能以廣大心為利益無量眾生故，發如是問也。

「勝上大乘句，心續生之相，諸佛大祕密，外道不能識」者，先解釋何以稱「大乘」。大乘立名略有七義故名大乘：

一者以「法大」故，謂諸佛廣大甚深祕密之義，毗盧遮那遍一切處大人所乘。

二者「發心大」故，謂一切志求平等大悲，起無盡悲願，誓當普授法界眾生。

三者「信解大」故，謂初見心明道時，具足無量功德，能遍至恆沙佛剎以大事因緣成就眾生。

四者以「性大」故，謂自性清淨心金剛寶藏無有缺減，一切眾生等共有之。

五者「依止大」故，謂如是妙乘，即法界眾生大依止處，猶如百川趣（趨）海，卉木依地而生。

六者以「時大」故，謂壽量長遠，出過三時，獅子奮迅祕密神通之用，未曾休息。

七者以「智大」故，謂諸法無邊故，等虛空心，自然妙慧，亦復無邊，窮實相原底，譬如函（盒子）蓋相稱。

以如是七因緣故，於諸大乘法門，猶如醍醐，醇味第一，故云最勝大乘也。「乘」名進趣，「句」名止息之處，故「大乘句」也。

「心續生之相」者，雖此心畢竟常淨，猶如虛空，離一切相，而亦從因緣起，有心相生；猶如大海波浪，非是常有，亦非常無。若常有者，不應風飆止息，則澄然而靜；若常無者，不應風飆才起，鼓怒相續。當知是心從緣起故，即是不生而生、生而不生，無相之相、相而無相，甚深微妙，難可了知。

諸佛祕密之印，不妄宣示，是故凡夫、二乘，兩種外道（佛教以外稱「外道」，佛教內部某些小乘派別稱「內外道」），非但不識無生滅心，也不識生滅心，故云「諸佛大祕密，外道不能識，我今悉開示，一心應諦聽」。

「越百六十心，生廣大功德，其性常堅固，知彼菩提生」者，是略答初問。云何即知菩提心生。世尊開示，超越「百六十相續心」，即是淨菩提心。如有人問：云何知此乳中醍醐生？答言：若乳酪生出熟酥，這是從粗濁開始變異之相，已經變得融妙；直至沒有滓穢，當知即是醍醐生。

行者最初開發金剛寶藏時，見是心生，如淨虛空，超諸數量，爾時離因業（出離世間之業）生，佛樹芽生。此芽生時，即已遍布法界，何況枝葉花果，故云「生廣大功德」。

因菩提心超越一切世間心理活動和理論，不可破壞、不可逆轉，猶若閻浮檀金（閻浮檀河所產之沙金），無有缺點可說，故云「其性常堅固」。若知自心有如是印——如淨虛空，不可破壞、不可逆轉等，當知是菩提生也。

「無量如虛空」至「正等覺顯現」，這一偈半略答菩提心的相貌。因為世間沒有什麼語言方法可以說清淨菩提心相，唯有採用太虛空來比喻，才有少分相似，故云「無量如虛空」。譬如虛空，不會被煙雲塵霧之所染汙，其性常住，離諸因緣。假使八方大風，吹盡世界，亦不能吹動虛空，自本初以來，常寂滅無相。心之實相亦是如此，從無始以來，本自不生；因本不生，無有一法能令染汙動搖，常住不變，永寂無相，故云「不染汙常住，諸法不能動，本來寂無相」。

行者為此寂光所照，無量知見自然開發，如蓮花綻放，故云「無量智成就」，即是毗盧遮那心佛現前，故云「正等覺顯現」，梵本云「三藐三佛陀現」也。

「供養行修行，從是初發心」者，此中供養有二種：一者外供養，二者內供養。或有人主張，只要觀心性，無相無為，不應種種紛動、行菩薩道，此說實有不當。就拿四種不生來說，比如觀礦物中的金性，雖然此金屬在因在果，都無增無減，如果不採用一些方法消融礦物中的雜質，則此金屬（不生之金），無由可得。行人亦是如此，如果不以三種祕密方便供養行門，消融百六十心礦石之垢，如何能得此淨菩提心？

龍樹阿闍黎中道正觀，正以從「緣起」故，「無生」義成；若是以「龜毛兔角」為無生之例，那就引喻失當了。又如世人睹真金百煉不移，以為妙性窮極，就像五通仙人，以諸藥物種種煉冶，能化土石之類盡變為金銀寶物；其中有服食之者，住壽長遠，神變無邊；可知真金性中，自有如是力用；但世人缺少祕密方便，故不能得此力用。淨菩提心也是如此，若以大悲萬行種種煉冶，得成神變加持不思議業；因此不應未得謂得，應保初心為極果也。

違理之心：三十外道

《經》「祕密主！無始生死愚童凡夫執著我名我有，分別無量我分。祕密主！若彼不觀我之自性，則我我所生。餘復計有時地等變化，瑜伽我建立淨、不建立無淨，若自在天、若流出及時、若尊貴、若自然、若內我、若人量、若遍嚴、若壽者、若補特伽羅、若識、若阿賴耶、知者見者、能執所執、內知外知、社怛梵、意生、儒童、常定生、聲非聲。祕密主！如是等我分，自昔以來分別相應，希求順理解脫。」

在這段經文裡，世尊詳說三十外道，是為破內外因果違理之心。此三十外道都是由於不懂真如法性之理，生種種邪見；了解外道之謬，便能防自身之非。以下簡單介紹三十外道。

（一）「時計外道」者

認為天地間一切人事物的好壞，都是由時間變化來決定的外道思想，妄計一切萬物都是由時間而生。如彼偈言：「時來眾生熟，時至則催促；時能覺悟於人，是故時為因。」也有人說，雖然一切人事物並非時間所作，然而時間是其中不變之因，是實有法。因為它很微細，所以普通人無法察覺，但我們可以從植物開花結果等現象，知道時間的存在。為什麼呢？因為，當我們看見有果時就應該知道它有因，這時間是不壞的，所以它是恆常的。這些想法都是由於沒有深刻觀察時間的性質，而產生的錯誤認知。

（二）「地等變化」者

就是認為地、水、火、風、虛空等五大都是真實存在的人。有些人認為大地是出生一切萬物的因，因為一切眾生萬物都是依大地而生長；這些是因為其不觀大地之自性，只是因眾緣和合而有，因而生起這種見解，以為供養大地的人能得到解脫。依此推之，也有認為水能生萬物者、火生萬物者……或者認為萬物從虛空而生，說虛空是真正的解脫之因，應該供養承事等。

（三）「瑜伽我」者

就是修習禪定的人。其認為寂靜的內心相應之理是真我，常住不動，真性湛然，唯有這個才是究竟道。都是因為其離於因果、不觀心之自性而生起這種見解，認為這就是真我，只要安住在這種狀態就是解脫。

（四）「建立淨，不建立無淨」者

這裡包含兩種認知：前面一種是，有建立一套修行方法者，並依此修行，認為這就是淨；第二種是，認為前者建立的法是非究竟法，如無建立諸法，就是「無為」，這才是真我；因不同於前者所修之淨，故稱之為「無淨」。持這兩種見解的人，都是由於不觀我之自性，才生起如是見解。

（五）「若自在天」者

「大自在天」乃摩醯首羅天（Maheśvara）之異名，二十四諸天之一，自在天外道之主神。原為印度教所崇奉、創造宇宙之最高主神，佛教視之為色界頂色究竟天之主。

有一種外道認為自在天是恆常存在的、得大自在、能化生萬物。如《十二門論》（龍樹所造，與《中論》及提婆著的《百論》，合稱三論）中難云：如果眾生是自在天之子，自在天就應該以樂遮苦，而不應該給眾生苦受；說是只要供養自在天則能滅苦得樂，其實並非如此；我們只是由於自己所作的苦樂因緣而自受果報，並非是自在天決定的。又，如果眾生是自在天所做出來的，自在天又是誰做出來的呢？如果是自在天自己創造了自己，這個也是不可能的；

就如一樣東西，自己不能創造自己。如果是其他的存在創造了自在天，則自在天就不能叫做自在了。

（六）「流出及時」者

「流出」這個詞和建立一詞的意思大體相同。比如，從心出一切法的理論框架，認為由此心中流出，就如從手功做出一切事物一樣；譬如陶藝師，製作陶瓷，可以做出種種差別形相的陶瓷。至於其處所謂的「時」，與前面的時計外道宗大同小異，都屬於自在天宗種類。

（七）「尊貴」者

這是指那羅延天。那羅延（nārāyaṇa），乃具有大力之印度古神，又音譯為那羅延那天、那羅野拏天，又稱毗紐天（Viṣṇu），意譯為堅固力士、金剛力士、鉤鎖力士、人中力士、人生本天等。欲求多力者，如精誠祈禱、供養此天，則可獲神力。

外道認為，那羅延天湛然常住不動，而能輔助造成萬物。譬如，人主無為而治，有司受輔佐持行；因為是能造之主，沒有比他更尊貴的，所以稱其「尊貴」。又此宗認為，「尊貴」者遍布一切地水火風空之處。以前有論師想降服彼宗信眾，於是前往該宗的天祠，坐在那羅延天像身上飲食；西方之人認為食物殘渣是極為不乾淨的東西，信眾都很憤怒。論師說：你們宗派所說的，難道不是遍一切處都是地水火風空界之相嗎？彼宗信徒答：確實如此。論師說：他既然是地水火風，我同樣也是，這樣對待他有何不可？有什麼可以憤怒的呢？對方啞口無言。這個「尊貴」外道，也是由於不觀我之自性所產生的錯誤認知。

（八）「自然」者

有一類外道認為，一切法都是自然而有的，沒有所謂的造物者。例如，蓮花生而顏色鮮豔清潔，有誰為它染色？棘刺尖端又是誰削成的？所以諸法都是自然而然的。有論師反駁：我們看到世人造作舟船室宅之類，都是從眾緣而有，非自然而成的，怎麼能說是自然存在的呢？如果說是雖然本有，只是沒有顯現而已，需要人力去觸發它，此說也不合理；既然須要人力觸發，就是從緣，而非自然而有呀！

（九）「內我」者

有人認為，身中離心之外另外有一個我性，能操縱這個身體，作種種事業。有人反駁道：如果真是這樣，那麼我即是無常。為什麼呢？如果法是因，及從因生，這些都是無常的；如果我是無常的，那麼罪福果報都會斷滅。

（十）「人量」者

認為神我的大小等於人身，身小亦小，身大亦大。《大智度論》提及，有認為神的大小隨人身，死壞時神也從人身中出來，說的就是這一宗外道。然而，這外道以我為常住自在之法，現在既然是隨身體大小變化的，這就是無常。所以，這外道之理是不對的。

（十一）「遍嚴」者

就是認為此神我能造諸法，世間尊勝遍嚴之事是我所作所為，與自在天外道的認知大同小異。如《十二門論》中破自在云：自在天為什麼不全部製作幸福之人、而盡是作苦難之人而有苦者？應當知道，這些都是從愛憎中生起的，所以不自在。現在遍嚴外道既然能造種種福樂，又不能以樂遮苦，怎麼可以叫遍常自在呢？

（十二）「若壽」者

有一種外道，認為一切法乃至四大草木等都是有壽命的；因為，草木砍伐後還會繼續生長，所以它們是有壽命的；另外，有些草木葉子夜裡會卷合起來，所以它們應該也是有情識的，因為它們也要睡眠。有人反駁道：如果是因為看到斬伐而又生還，所以認為它們有生命；那麼，人斷了一肢，不能自己再生，人類豈不是沒有生命？如果植物的葉子在晚上合起來叫做睡眠，水流晝夜不息，就是常覺了？這種外道，都是由於不觀我之自性而生起種種妄見的。

（十三）「補特伽羅」者

這種外道認為，不管輪迴幾次，都是同一個「我」，只是隨著轉生變化而改名；補特伽羅（pudgala），即「我」之異名。如果有從今世轉於後世，識神即為常；識神為常，怎麼能說有死生呢？此處滅名為死，彼處出名為生，所以不能說是神常。如果無常則無有我，如佛教中的「犢子部」及「說一切有部」，這兩部認為三世法實有，如果一定存在過去、未來、現在，則和有數取趣（「補特伽羅」外道）者一樣，失去佛法的三法印，西方諸菩薩作神種量破此外道的理論宗旨。

（十四）「若識」者

有一類外道執此識遍一切處，乃至地水火風虛空界，識都遍滿其中，這種認知也是不對的。如果識神遍一切處，一切處都應該擁有獨立見聞覺知的能力；然而，現實是只有六根和六塵和合才能產生相應的認知，在別的（六根和六塵和合之外）一切處，識神就沒有生起作用。又如果識神遍布於五道（即五趣：天、人、畜生、惡鬼、地獄）中，怎麼又說有死生呢？所以他們的理論是不對的。

（十五）「阿賴耶」者

這種外道認為，有阿賴耶（ālaya-vijñāna，阿賴耶識）能把持此身，能有所造作，含藏萬像，收入其中則看似一無所有，舒展開來則能充滿全世界。這種認知不同於佛法中所說之「第八識」的含義。然而，世尊所說的密義是，說如來藏是阿賴耶，如果佛法中人不觀照自心實相，分別執著阿賴耶為實有，這個就是我見。

（十六）「知者見」者

就是有外道認為，身體中有能認知者，能知道辨別苦樂等事；又有認為這個身體中能認知者即是真我。《大智度論》云，眼見色名之為見，五識的感知名之為知者，都是我執，只是隨著作用不同而名字不同而已。有反駁者云：你說能見者是我，而其他的能聞、能觸的感知者也是我嗎？如果都是，六根境界相互之間不互通，一不可能當作六，六不可能當作一；如果說其他的能聞、能觸的感知者非我，也有同樣的問題。所以我們應該明白，六根六塵和合產生知見，沒有另外的「我」的存在。

（十七）「能執所執」者

有外道認為，人的身體內除了識心，還有另外的能執者，這個就是真我，他能指揮運動身口意，作種種事業；或有說能執者就是識心，只是其所執的境界，名為真我，這個我遍一切處。然而，內外身受心法之性，都是從緣生，無有自性，不管是所執還是能執，都是不可得的，何況是「我」呢？這也是由於不能覺悟我之自性，所以才會產生這樣的想法。

（十八）「內知外知」者

這就是前面所說的「知者」的別名。分為二種：第一，認為體內能認知的存在為我，以為身體裡另外有內證者，這個就是真我；第二，認為外在的能認知的存在是我，以為那個能認知外塵境界的存在，就是真我。

（十九）「社怛梵」者

這一社怛梵（Jatāvat）外道和知者外道所宗理論大體相同，只是部派不同，所以另取此名。

（二十）「意生」者

梵語為摩奴闍（Mānusa，又作 Manuṣya）。《大智度論》中譯為「人」，即是執著人為實有，具體應該翻譯為「人生」。他們屬於自在天外道部類，認為人即從人出生，所以名為「人生」。經文譯為「意生」是錯誤的；「意」是「末那」（manas），此處則是「末奴」，發音不同、意思也不同。

（二十一）「儒童」者

梵云摩納婆（mānava），是毗紐天外道部類，正確的翻譯應該為「勝我」。他們認為，「我」在身心中最為勝妙，常於心中觀想有一個一寸許的我。《大智度論》也提到，有外道認為有神在心中，微細如芥子，清淨名為淨色，或如豆麥，乃至一寸；初投胎受身時，此神最在前受。經文譯為「儒童」（mānava或mānavaka），或為誤譯。

（二十二）「常定生」者

這種外道認為「我」是常住的、不可破壞的，自然常生，無有更生，所以名字叫做常定生外道。

（二十三）「聲非聲」者

「聲」就是指聲論外道，可分為聲顯、聲生兩派：如果是聲顯外道，則認為聲音的體性非有，待緣顯現，體性常住；如果是聲生外道，則認為聲音本生，待緣生之，生已常住。「非聲」外道又與聲顯、聲生外道不同。聲顯、聲生外道認為聲音是遍常，「非聲」外道（又名非生）認為一切都無，墮在無善惡法，亦以無聲字處為實有。

經云「祕密主，如是等我分，自昔以來分別相應，希求順理解脫」者，經中略舉三十種外道（雖然上面列舉數字為二十三，但其中含括三十外道），如果根據其中差別分類，則有無量無邊的外道。比如，有人坐得四禪境界，即認為這種方法為真實法理，或作如是想：我是得禪者，這些都是從我執分別中來。由這些事例我們可以看出，這些外道都是由不觀我實相而產生的。

但自古以來，外道們世代承襲舊有的觀念，都自稱有大師、薄伽梵（Bhagavān，意為「至尊」），無所不知，因為善以修習瑜伽的緣故，現在覺悟此修行方法，而向世間人宣說，這是唯一的究竟道，除此更無餘道。例如，當初在劫初之時，先有一天人，轉生於梵天界。此天人看見此天只有自己一人，因而心想：如果有其他眾生生於此天界與我共住，那就更好了！這時候，恰好有上界天人命終，轉生此天界中，這位最初轉生此界的天人就說：你是由我的念力而產生的，你就是我所生的；第二位轉生此界的人也認為：他是尊主，能生我等，便認同他的說法，認為他是最初的存在。從此以後，就認為梵天王創造了這個世界。由此衍生的各種外道數不勝數。

「希求順理解脫」者，「順理」梵音瑜祇（yogin），就是指以往的修瑜伽行者，認為他得到了真解脫之理，是萬物之宗，現在遵循此理修行，希望得到解脫，卻不知自己違背了事物最普遍的善惡因果關係。

順理之心：世間八心

《經》「祕密主！愚童凡夫類猶如羝羊（中略）祕密主！非彼知解空非空、常斷、非有非無，俱彼分別。無分別云何分別空？不知諸空，非彼能知涅槃。是故應了知空離於斷常。」

前面說完三十外道的違理之心，此處則說「順理之心」，即是世間八心。其中，嬰童心可再分出「殊勝心」與「決定心」，即世間八心；如果再予以拆分，則有十心。《疏》云：「乃至三乘一一地，皆具十心；迄第十地，亦具種子、芽、皰、葉、花、果等。」今從最初順理說起，故此種子心之持齋，《疏》以為猶未是佛法中之八關齋；此芽種心之六齋日，《疏》亦以為僅同上代五通仙人勸令斷食法耳。

然而，如是八心，實由種子，次第開敷；最初種子，又以何為因？《疏》云：「由世間自久遠以來，有善惡之名，種子從是生也。」也就是從最初人有分別心之時為因。雖然我們說初種子離一分心垢，即得一分淨心，這就是善種子生；但其實這是不生之生，以是堅固性故，在眾生心終不敗亡。所以，未至自心實際（涅槃實證）大金剛輪，中間更無住處（休息停頓之處）；雖果復成種，展轉滋長，亦不出阿字門。故云：「最上大乘句，心續生之相；諸佛大祕密，外道不能知。」

以下便簡單介紹世間八心。

（一）種子心：

愚童凡夫有如只知水草、淫欲之事的羝羊，不知有善惡因果之法。有時忽然產生一種想法，覺得節食持齋是件好事；這種便節衣縮食的自戒，能遠離世務，從中得到一點身心的安寧；他們感覺到這種好處，就數數修習。這算是最初稍微認識到善惡因果之理，是初種子善業發生，名為種子心。

（二）芽種心：

以種子心為因，於六齋日斷食捨財，施與父母、男女親戚等。此六齋日即是《大智度論》中所提到的，上代五通仙人勸令此日斷食，既是隨順善法，又能免除鬼神災橫。因為看到這種止息貪求的行為，能使內在獲得利樂，所以想修習此法，是自己的內在利樂得到增長，所以在持齋之日，捨去自己的財物，贈送給六親，心想自己已沒有為守護這些財物而擔憂之心，因而令他人愛敬，獲得孝義的名譽；又因看到這一善因果循環，故而轉生歡喜。生歡喜故，善心稍增，猶如從種子生芽，故稱之為芽種心。

（三）苞種心：

以芽種心為基礎，將財物施捨與不相識的人，就是為了修成這一守齋善法，修習無貪、慧捨之心。由於多次修習此無貪等心，善心逐漸增長，進而能把自己的財物布施給非親非友之人。見到了平等施舍所帶來的利益，善業萌芽又增長了，如同從芽長出莖幹一樣，是善心增長的第三苞種心。

（四）葉種心：

能以此心施與德高望重的人。就是已經能修習有智慧的布施行為，以此因緣逐漸能甄擇所布施的對象：比如，認為這個人德行高勝，我現在應該親近並且供養之。這是因自己的智慧漸漸打開，逐漸得遇親近善知識。如同莖幹上長出了葉子，是善心增長的第四葉種心。

（五）花種心：

又以此喜歡布施給掌握技藝音樂的人，以及獻給尊宿耆舊、學行高尚、為人師範等有知識的人。這是智慧漸開，能甄別所施之境，見到了他們利益他人的行為，而真心歡喜，故施與之；同時也令自己布施時，心情更加歡喜。如同芽之上長出了花朵，是第五花種心。

（六）成果心：

又以此施，發親近愛戴之心，供養出家修行之人。就是對這種善行，修習醇熟，並非只是心生歡喜而已，更加能以親近愛戴之心，供養尊行之人。又因為前面的布施因緣，得聞法利，知道對方內懷盛德，有出離世間貪欲之心，親附而供養之。對比前心如同花落結果，是第六成果心。

（七）受用種子心：

又以此為基礎，認識到造齋施捨只是人天福報之舉，了知身口意三業不善，皆是煩惱因緣，進而捨棄一切，以清淨為是，持戒而住；因此之故，獲得現世諸多善的利益，名聲顯揚，身心得到安寧，更增加自己的諸般善行，命終之後得以升天。如同種果樹已經得到收穫，現在受用它的果實，所以叫「受用種子」。

又或說，這一狀態有如種子成長後結成千上百個果子，而後一一果實又長成若干果實，輾轉滋育，不可勝數。今此受用果心，成為後一心的種子，也是如此成長，故稱之為「受用種子」。

（八）**嬰童心**：

明了以前諸心仍免不了生死流轉，從善知識那裡聽說某某天能給人們帶來幸福，如果虔誠供養，一切希望都可得到滿足。這些天人諸如自在天、梵天、那羅延天、商羯羅天、黑天、自在子天、日天、月天、龍尊等，以及俱吠濫、毘沙門、釋迦、毘樓博叉、毘首羯磨天、閻摩、閻摩后、梵天后等世間所信奉者，還有火天、迦樓羅子天、自在天后、波頭摩、德叉迦龍，和修吉、商佉、羯句啅劍、大蓮、俱里劍、摩訶泮尼、阿地提婆、薩陀、難陀等龍，或天仙、大圍陀論師等，這些都應供養。聽到這些話之後，心懷慶悅，恭恭敬敬地供養，並出家歸依，依教修行，是愚童異生、生死流轉無畏，依第八嬰童心。

在此，已知尊行之人，宜應親近供養；又見持戒，能生善利，即是漸識因果。今又聞善知識說，有此大天能與一切樂，若虔誠供養，所願皆滿，即能起歸依心。雖未聞佛法，然知此諸天因修善行，得此善報，又漸信解甄別勝田（福田），再聞佛法殊妙，必能歸依信受，故為世間最上心。

問曰：前面說自在天等皆是邪計，這裡又說歸依此等天人是世間勝心，與前有何不同？

答曰：前面是不識因果之心，以為世間諸法是自在天等所造；此處所言則是因善根成熟，於生死流轉中求無畏依，欲效彼行因，冀成勝果，所以不同於前面所言。

「商羯羅天」（Śajkara）是摩醯首羅天（Maheśvara）別名。「黑天」梵名嚕捺羅（Rudra），是自在天眷屬。「龍尊」是諸大龍。「俱吠濫」（Kuvera，或云俱吠囉）等，皆世所宗奉大天也。

「梵天后」是世間所奉尊神；然佛法中梵王離欲，無有后妃。

從「波頭摩」以下，所謂德叉迦龍、和修吉龍、商佉龍、羯句啅劍龍、大蓮花龍、俱里劍龍、摩訶泮尼龍、阿地提婆龍、薩陀龍、難陀等龍，皆是世間所奉尊神也。

「天仙」謂諸五通神仙，其數無量，故不列名。「圍陀」（吠陀）是梵王（大梵天王）所演四種明論，「圍陀論師」則是受持彼經並能教授者；因為其能開示出欲之行，故也可歸依。於這類宗教中，梵王猶如佛，四圍陀典猶如十二部經，傳此法者，猶如和合僧；若聽聞如是等世間三寶，歡喜歸依，隨順修行，亦是第八「生死凡夫無畏依」也。

「第八嬰童心」又可以分出兩種心——

（九）殊勝心：

第八無畏依中又有擇善而從者，由其以前善業基礎，於所說教法中修行觀察。雖然不能認識一切事物因緣而起的道理，仍然脫離不了斷、常的思惟方式，但已生解脫智，是為第九「殊勝心」。

（十）決定心：

更有深刻觀察者，雖然不能認識緣起之空，脫離斷常的偏見，不能雙離有無之見，仍認定自己所認識到的空，但已能作非有非無的平等觀察，擺脫了一般的錯誤認識，這是第十「決定心」。

諸般心相：六十心

《經》「爾時金剛手復請佛言：『惟願世尊說彼心。』如是說已，佛告金剛手祕密主言：『祕密主！諦聽心相。（中略）云何受生心？謂諸有修習行業，彼生心如是同性。』」

前面說完世間八心等「心續生」，這裡接著說九句問中之「心諸相」。本段經文分為兩節：一、金剛手請問；二、世尊開示初列六十心名，次釋其相。

此六十心與順世八心前後雜起，都是障見道之惑品，故「唯蘊無我心」現前時，一時頓斷淨盡，與後文的「百六十心」不同；後文將提及的「百六十心」是指斷惑數目，這六十心是心相。以下簡單說明六十心。

（一）貪心：

認為眼前出現的環境為真實。染著於眼前的世間環境，即是染汙淨心；若順著世間心，追求世間成就，名為有貪心。

心法微細，難於確實觀察；不過，如果觀察其所作所為，必然會有顯現在外的相；就好比通過觀察煙霧的形象狀態，可以知道火燃燒得如何。貪心，都是因為沒有出世間的心，而經常生起的雜染心；如果行者能善於辨別真偽，就好像農夫去除雜草、輔助禾苗生長，淨心的力量就會漸漸增長。不要以為這些都是因緣事相而輕視它，如此會使心淹沒於其中，而不能自我覺知。

（二）無貪心：

和貪心正好相反，就是對世間法沒有追求心；如果太過了，乃至對所應精進的善處都不生起歡喜願望之心，這是不染善法，和貪心一樣會障礙善法的萌芽。

其與「無染汙心」的名字雖然相似，但是事相不同，最需要留心觀察。所以行者只要觀察貪心的實相，自然就會喜歡無染心，而不應該生起這種沒有智慧的（過度的）無貪之行。

（三）瞋心：

就是順從自己心中的憤怒和仇恨的情緒，是瞋心發動顯現在外的表現。如果易怒，心不能平和，這就是瞋心之相。對自己的行為表現多加觀察，瞋心自然無所躲藏；修習慈悲心對治，則此障不生。

（四）慈心：

就是把修行中出現的慈愛等心理現象，當成真實而加以執著。慈心雖與瞋心相反，然而一旦執著於愛，就成愛見心垢之慈，也會障礙出世間善法的生起。比方說，因為喜歡貓，對貓有慈愛心，便討厭對貓不好的人；覺得貓是真實存在的，貓死了自己也活不下去，或無心修道了。

愛見心垢之慈是顯現於外的表相，可以從其所作事相中覺察到「慈心」和「愛見心垢之慈」的差異。我們可以精進地修習「慈無量心」，防止愛見心垢之慈的過失。

「慈無量心」即願眾生都可以得到安樂，這種慈心是沒有差別的。佛度有緣人，我們不應該對眾生有差別對待；如果生起差別心，就不能做到無量。而且，我們要明白，我與眾生以及所做的善事都是空相的，這樣才能讓自己的慈心無量。

（五）癡心：

就是不觀察當前所說內容的善惡是非，聽到了就當即相信；凡所做事，不能先以慧心甄別是非，因此得種種過失。這些都是癡心相。

（六）智心：

就是對於別人所說種種法中，都要通過對比簡擇，此勝、此劣，此應受、此不應受等，取其中好的一方，然後才採取行動，這是無癡相。

但是，成佛作祖之法，並非凡夫智力所能籌量，唯有信者能入；對於凡夫來說，信心的深淺才是決定加持力的大小因素，而非某個法門不殊勝、加持力不夠。所以，必須觀察世智辯聰所帶來的障礙，來對治這種過度的簡擇智心。

（七）決定心：

就是遵守別人的建議，如說奉行。以下先解釋「疑心」，能更容易地幫助我們理解「決定心」。

（八）疑心：

就是對自己所修行的法總是疑神疑鬼的心。「疑心」者，就是對任何事情都持懷疑態度；例如，受戒時便自生疑心，我現在是得戒還是不得戒？或懷疑三師七證合不合格，或懷疑戒場如不如法，諸如此類。

就如人在道路上行走，會因為疑惑而難以前進，《大智度論》便云，「譬如觀察歧路」，「好利者應逐」；聽到別人說的方法時，當然要觀察他所說內容的正誤，當已經通過觀察、選出正確的方法後，就應該去實踐，而不是繼續疑神疑鬼，游移不定。

前面所言之「決定心」，就是聽信善友等的建議，如同佛法的教誨，不生疑慮、至心奉行。當然，對於善友的建議，也要用智慧觀察，這樣才能生起正確的決定心。

（九）暗心：

是對本來不該懷疑的事情也起懷疑之心；例如，對已經公認無錯的基本佛法，如四諦、不淨、無常等亦有所懷疑。

世間智者不應對這些法生起懷疑；然而，有暗心的人，聽到這些就心懷猶豫，就好像在夜裡看到枯樹，對它生起種種猜測之心，疑神疑鬼。這種情況，就是暗心在作怪。

（十）明心：

是對本來不該懷疑的事情不起懷疑之心。換言之，對決定法印等不該懷疑的佛法內容，聽到之後就能立即深信，這就是明心。

然而，如果太過（如對法執著）或不及（如同暗心），也會成為障道之心，所以要用中道智慧來對治它。

（十一）積聚心：

就是以無量法為一法，或說以一法為無量法。比如，有人學得某個三昧法門，見到其餘經教中的無量法門有各種差別及其殊勝之處，但都會說只歸心自己所學的那個三昧法門，離此之外別無餘法，便名為積聚心。

（十二）鬥心：

就是喜歡辯論是非長短，聽到他人所說言教，經常喜歡對其辯論是非，說這個意思應該是這樣的、那件事不是這樣的。假如對方所說是合理的，也要用種種方法尋找其長短之處，一定要辯贏對方；假如有人來請教自己，也要找尋對方的毛病，像是說對方的問題乖僻、不應該回答等。如果有這種表相，就是鬥心。

（十三）諍心：

就是對自己產生是非、內懷是非之心；比如，已經透過思考得到結論，但又反覆自我否定，推敲原有結論的過失。或雖然好學、不恥下問，但得到別人的回答後，又自己揣測其過失，說這個合理、那個不合理。如有這些表現，就是諍心。前面所說的「鬥心」是向外的，諍心則是向內的。

（十四）無諍心：

就是沒有自己的是非判定標準。自己沒有確定的見解，即使原本有所堅持、以及所學習的知識，但當聽到別人的觀點時又認為他是合理的，當即信受奉行；或原來以為是對的，但聽到他人說不對時，馬上改變自己的原有觀點及判斷，沒有所堅持的觀點。如有這種表現，就是無諍心。

無諍心可分為兩類。當我們發現自己的無諍是對修行無益之「無記無諍之心」時，便應該修「諸法實相的無諍之心」，這就是其對治法。

所謂「諸法實相的無諍之心」，是從一切法都是虛妄的實相上來說的；也就是說，我們對自己的修法要有判斷能力和堅定的信心，當遇見別人所說不同法門的時候，我們也能分辨他們的差別。如果是錯誤的，我們可以加以勸導；如果他的法門也是對的，只是有些差別，應該也要包容、理解其法門，不必非要分個高低。比如念佛法門或是南傳法門，都可以讓我們成就解脫；諸法一味，不必多加爭論。

（十五）天心：

是指異想天開，想入非非。其有如諸天界眾生，因為前世果報的原因，需要什麼都不必努力，事物隨心而生，就能因此生起種種如是願樂，這就是天心。

有些人或許因為曾經生於上界的緣故，也會有這種習氣——因為上輩子是想什麼來什麼，所以這輩子也異想天開、想入非非。如果真言行者（此處指密教行者，但可泛指一切佛教修行者）不追求遠大佛果，只追求自心所牽掛的世間目標，這種行為會障礙淨菩提心。應當要自我覺知，不要貪圖世間成就，這就是對治之法。

（十六）阿修羅心：

就是滿足於現狀，不求進取，不求解脫生死。阿修羅（Asura）的「阿」（a-）為「非」之意，「修羅」意為「天」，故阿修羅又名「非天」。因為其果報和天界相似，而所作所為及住處和天界不同（有福無德），所以稱為非天。

這類人雖然有獲得解脫的有利條件，比如生活無憂、物資不缺；但因沉迷於安逸享樂的生活，不知進取、不求解脫；若修行者有如此表現，這就是修羅心，這也是因為前世曾經生於阿修羅道中所帶來的習氣。我們應該觀察無常、苦等，來對治此心。

與「天心」相較，「天心」是想入非非追求世間成就，「阿修羅心」則是已經有一定的世間物質基礎，但是滿足於現狀、不求解脫。

（十七）龍心：

就是追求財利、貪得無厭，總是在想我應該要怎麼樣才能發大財、得到更多財富。有這類貪得無厭的想法，就是龍趣之心；也是因為從龍趣中轉生而來，所以此生帶有這種習氣。

修行者過度追求世間的成就，會障礙出世淨心；我們應該思惟少欲知足、無常等，來對治這種龍心。

（十八）人心：

就是思惟與他人之間的利害之心。也就是喜歡追思，某人對我有恩，我應當用某種方法讓他得到利益；某人曾經於我有怨仇，現在應該報復他，以及種種與他人恩怨的計較，都屬於人心。

修行人應該自我觀照內心活動，追求早日成佛，不應該停留在世間法的恩怨等外緣，這就是人心的對治之法。

（十九）女心：

就是迷戀快樂之心。這也是屬於人趣心，但不同之處在於欲望更加強盛。如經中曾說，女人多欲，百倍於男子，常思念所經歷的樂事，或想念他人的容貌姿態等。這種女心也能障礙遮罩淨心，也是因為過去世曾經多生為女人身的緣故，今生依然有此習氣。

在此心生起時應該以不淨觀等，觀自身實相，來對治此心。要注意的是，所謂「女心」並非專指女性，也沒有歧視女性之意；女性當中也有欲望低者，男性當中也有欲望高者。

（二十）自在心：

就是總想著自己意願都能實現。「自在」指的是外道所供奉的天神，其認為「自在天」能隨念製造諸眾生及苦樂等事；修此自在天法者，也是常常繫念，希望自己一切和自在天本尊一樣，隨心所欲，如願所求。

如果密教修行者（也可泛指一切佛法修行者）常常思念這種成就，希望自己能隨念成就，這種心態就是「自在心」，這也是前生的習氣使然。應當觀諸法，一切都是眾緣和合，不可能如意自在，這是此心的對治方法。

佛教講究福慧雙修，而且也有一些增長財富的修行方法；因為，財為養命之源，沒有一定的物質基礎，就不可能更好地專注於修行。但是，如果把追求財富、滿足欲望的目標作為主修，甚至是修福不修慧，那就是主次顛倒了。

（二十一）商人心：

就是剛開始修行時，先是花時間收集資料進行分析，認為什麼利益大就修行什麼；這就如世間的商人，先行是聚集儲存貨物，然後思惟分析，這貨物當用在某處、那貨物應當用在某處，可以得到最大利潤。

若修行者先專注於內外學問，學習完備後，再反覆籌量，認為這是世間典籍，應當用在這些地方；這個屬於二乘法，應該用來接引某人；這些屬於大乘資糧……這就是商人心，也是先前習氣造成的。

修捷疾智——即於一切法無礙自在，是對治此心的方法。修行者應該不管學到什麼法要，就能隨緣觀察對方的因緣加以運用，豈能等自己學得足夠多了才尋求運用之道？

（二十二）農夫心：

就是什麼都準備好了才進行修行的心態。如同學習種植農作物，先問老農要如何辨別土質的優良，應如何耕植耘耨，要如何等待時機，要如何收割收藏……如是種種都一一瞭解清楚了，才開始用功修學佛法。「農夫心」也是如此，其先行諮詢智者，廣泛瞭解各種佛法利益差別，然後才學修之，這些都是源於宿世習氣所引起的。

如此應該用「利智」來對治它，如聞諸蘊無常，即知六入、十八界、十二支緣起（無明、行、識、名色、六入、觸、受、愛、取、有、生、老死，此十二支此有故彼有、此生故彼生）等，其事相例等都是無常。又如毒箭入體，豈能如同三月的農務，等廣泛諮詢瞭解後才拔毒箭？機不可失，時不我予，一切無常，修學解脫道怎麼可以悠然處之？

（二十三）河心：

沒有認識到斷見（執身心斷滅）、常見的錯誤（執身心常存），時而修習常法，時而修習斷法，又或邪正兼信，如河水兼顧兩岸，所漂流之物也不會安定在哪一邊。要對治此心，修行者要專心一境，則能有所到達；若心無定所，是不可能有所成就的。

此處不是說要在常、斷二者之間堅定一法，修行者當然常、斷二見皆不可取。這裡只是比喻，修行之人不可左右搖擺不定、正邪不分，應該定心修行正法。選定自己投緣的法門之後也不要經常更換、主次不分。應該有一個自己堅定的主修法門，但也不須放棄輔助法門；有主有次、福慧雙修，這樣才能讓我們順利到彼岸。

（二十四）陂池（池塘）心：

就是得隴望蜀，什麼都想得到的心理。猶如陂池，就算有眾多支流流入，仍無厭足。此陂池心也是如此，即使有名利眷屬等事來集其身，也無厭足，乃至於所學所修之法亦是如此；如同已得乳糜，不馬上飲食，而是更加渴望得到其他口味之乳。應該用少欲知足來對治此心。

（二十五）井心：

就是凡所思惟好尚深遠，玄之又玄，如俯身窺視井水，難以測量其淺深幾何。此心性也是如此，凡所有思惟，都喜歡深謀遠慮，所有善，或不善之事，都要做到令人感覺深不可測的樣子；就是經常在一起的同事，也不能明白其心中所想，這就是井心。要知道不管是緣起法門，還是善人的處事之相，都是顯了易知的，應該學習他們的做事方法來對治井心。

（二十六）守護心：

就是守護自己心中認定的道理，認為其他理論都是不真實的。如世間人為了守護自己及財物等，甚至建立圍牆樓閣來做種種防守，不使自己為他人所傷。此心也是如此，常守護自己的身心，乃至如同龜藏六，不令外境所傷（如龜為護命而縮藏頭尾四足於甲殼般，比喻眾生收攝眼、耳等六根而不被外界六塵所影響）。認為唯有這樣才是真實佛法，其他種種有造作的行為，都是不真實的。學習聲聞乘的修行者多有此類守護心。

我們在守護自己的同時也要生起護他人之心，這樣才能對治守護心。又有人為了保護自己所持有的見解，不想被其他種種異論所反駁及推翻，就說其餘見解都是不真實、不對的，這也是屬於守護心。

（二十七）慳心：

只顧自己不顧他人的心。就是此人凡所作所為，都是為了自己，財物技藝乃至善法都喜歡藏著，不肯和別人分享，有這種表現的都是慳心。

我們應該常念布施及無常等，來對治慳心。應當思惟財物技能都是無常的，生不帶來、死不帶去；自己的生命也是無常的，念念不可自保，還有什麼身外之物值得我們密藏而不願分享的呢？

（二十八）狸心：

就是不求迅速、等待時機的心理。就好像貓狸，等候抓捕小鳥，屏住呼吸靜住不動、不求速進，等進入範圍內再抓取。有狸心的人也是這樣，得遇機緣聽得種種法要，但只是記在心中，而不進入修行狀態，希望等到良緣會聚時，再勇猛精進地修行。

此外，貓狸得到別人的種種慈悲關照和培育，也不認恩情；如果有人只知道接受他人慈悲恩惠善言等，而不知道報恩，這也是狸心。

我們不應該總是要等待時機，應該聽到法要就如法修行，並常常思念別人的恩德，這樣才能對治狸心。

（二十九）狗心：

狗心就是稍得到點東西就心滿意足，不再更求上進。就好像狗一樣，因為福報薄的緣故，遇得少分粗鄙的食物就心生歡喜滿足；假如稍稍超過了這些，就不是他所希望的了。

此心也是這樣，聽聞少許善法，便以為自己行不可盡了、已經夠用，不復追求更好的法要、修行等。這是聲聞種的習氣所帶來的，應以增上意樂為其對治方法，乃至心如大海，少亦不拒，多亦不溢。

（三十）迦樓羅心：

總想依靠朋友的幫助來辦成事情，不能獨立進行。迦樓羅（Garuḍa）為一種金翅鳥，常常憑仗兩只翅膀作為輔助，隨自己的意願到處飛，以成就自己的大勢；假如少了其中一只翅膀，則毫無作為。

此心也是如此，經常希望得到更多的朋友黨翼幫助，成就自己的事業。或是，要等他人有所動作而後發心，不能單獨前進；例如，見人行善，才會想到他能行善、我為什麼不能行善？應當憶念勇健菩提心，如獅子王般不需要助伴，能單獨行動，來對治迦樓羅心。

（三十一）鼠心：

就是見了別人的好事，總是心存離間敗壞的心理，謂思惟斷諸繫縛者。如同老鼠看到箱篋繩子等，會無理由地去破壞，並不會想：我破壞這個能得到那些好處，只是隨性而為。「鼠心」這種心性也是如此，看到別人的人際關係及其好事，總是心存離間破壞的心理。

（三十二）歌詠心：

好為人師、愛表現的心態。如同世人為他人獻歌，學到一些技巧後，為他人演奏，變出種種美妙之音，使聽眾大生歡喜。歌詠心也一樣，從他人那裡聽到一點佛法，就認為我應該為眾生說法，用種種語言修飾到處演說，令此佛法妙音處處得聞。

這種人多是聲聞眾生的宿世習氣，這個也會障礙淨心。我們應該先內證本性之慧——沒有內證者不能很好地理解佛法的含義，然後普現色身而為眾生說法。這是歌詠心的對治方法。

（三十三）舞心：

想掌握各種不可思議神通變化的心理。就好像跳舞的人一般，變化一些姿勢來組成新穎的動作，說名為舞；神變也是一樣，示現種種不可思議的神奇之事，使人爽心悅目。

這些多是五通餘習；如果追求這種神通成就、方便自己或他人的所願所求，也會障礙淨心。我們應該摒除蓋障三昧，心無散動，入神通不起滅定——於神通不起執念，而作加持神變，不要貪圖世間蠅頭小利，才能對治此心。

（三十四）擊鼓心：

總是想弘揚正法，成為大擊法鼓驚悟眾生之人的心理——鼓的聲音能警誡眾生，令人覺醒。如果修行者心想：「眾生在輪迴的長夜中昏睡，我應當學習種種無礙辯才，擊大法鼓，使人警覺醒悟」，這樣也會障礙淨心。應該早證無量語言陀羅尼，以天鼓妙音普告一切眾生，不要因為世間小利而妨礙了大事因緣，這是對治之法。

（三十五）室宅心：

持戒修善只是為了防護好自己的心理。就好像世人建造房屋來庇護自己，得以免除寒熱、風雨、盜賊、惡蟲等種種不好的事情。這種心也是一樣，總是在想：我當持戒修善，以防護自己，令今世、後世遠離輪迴惡趣等眾多苦難。這多半是聲聞眾生的宿世習氣，應當憶念須救護一切眾生，而不是獨善其身，這就是對治方法。

（三十六）師子心：

好勝心強，一切事情都不能難住自己的心理。就像獅子在於萬獸之中，隨所到之至都強於對方，沒有怯弱的心態。此心也是如此，在一切事中都想勝過別人，心不怯弱，自認為沒有能難倒自己的事情，沒有人能和自己比高低。

我們應該認清自己的實際能力，應當發「釋迦獅子心」，令一切眾生都能勝任諸事，沒有優劣之分，這就是對治之法。

「釋迦獅子心」是指在修學佛法過程中勇猛精進的狀態，「獅子心」則只是世間的好勝心。

（三十七）鵂鶹心：

意指經常在夜晚活動和思考的人。這種鳥白天時不外出活動，到了晚上則六情旺盛。如果修行者白天雖有聽聞佛法，但是記誦修習都昏憒乏力，找不到竅門；到了晚上，思憶白天所學所做之事，重複揣摩，便能明了，乃至修禪觀等也是在晚上比較得力，如此便屬「鵂鶹心」。

如果發現自己有這種現象，應該思惟，不管是白天還是晚上都是一樣的，不可晝夜有別。這就是對治之法。

（三十八）烏心：

就是無論何時何地都惶恐不定，猜疑懼怕。如同烏鳥，假如有人發善心、想要靠近餵養牠，或即使沒有人在場，牠伺求食物時也驚恐不安，無論何時都猜疑懼怕。若是此心不管善友對其是好是壞，一概猜疑懼怕；乃至持戒修善時，也對生死懷驚怖心，便是「烏心」。如果發現自己有這種現象，當修安定無畏心來對治。

（三十九）羅剎心：

就是對好事也要往壞處想的心理。例如，有人看見別人做善事，都不往好的方向理解；佛說造諸塔廟得無量福，他反其道而言「建造塔廟會傷害無量小蟲」，以此煩擾施主，說這樣做不會有好處，反而會得到苦報。生起這種不善心的現象就是羅剎心。我們應該要觀察善事的功德利益，不要放大不足之處，以此對治。

（四十）刺心：

凡事總往壞處想的心理。猶如棘叢，不論在哪個地方，都會刺傷妨害別人，令接近它的人不安。這種人的心態也是如此，假使做善事，如大布施等，做完善事後，當即產生後悔之心；假使做了壞事，也會自我反思，心懷慚愧懼怕，所以經常想起所做壞事，心有不安。

這種情況的對治法是，如果做了錯事，應該迅速懺悔，除去業障，不要於所作壞事經常心不得安寧；如果所作的是善事，應自思惟，心生歡喜。

（四十一）窟心：

喜歡修「入窟法」的心理。什麼叫做入窟法呢？住在地下窟洞或者是海底窟洞中的龍等眾生，他們因為有一些特殊的福報，比如長壽、物資豐富、美女成群等，所以有些人想發心投生此道，同時修此道之因，以後也住在窟洞中，這些做法都叫做入窟法。

諸龍、阿修羅等都住在地下或海底深窟中，擁有各種神仙妙藥，可以使他們長壽自在。修行者或有想念此道中美女甚多，相貌端正如同天仙，而且沒有夭折之憂，可以滿足自已的各種欲望；或認為留在此道中，可得一劫長壽壽命，能見到未來諸佛，這些都是窟心。

我們應該要自信，如法修行，今生便可以見道乃至成佛，不應該在彎路中逗留、想念今生成仙的方法，以此對治窟心。

（四十二）風心：

就是想在各個方面，一切時、一切處都得到成功。風的性質是不可安住、散亂的，這種人的心性也是這樣，到處種善根、結善緣，廣種世間外道、種種天尊及三乘諸宗的因，認為自己種下如此多善因，總會有一個能成就的。這就是風心。

要對治此心就應該思考，石田是不毛之地，只會浪費種子；應該找一處肥沃的良田，專心耕種，收穫必然會更多。於成佛的福田中專心耕種，收穫會遠勝世間外道、天尊及三乘等諸田。

（四十三）水心：

就是想一掃三業重垢，世代積塵。水本性清潔，雖然暫時被諸垢所汙染，也能自我澄淨，而後又能洗除垢穢。這種人的心也是一樣，常常發露懺悔，洗滌三業眾罪；只是，常有這是垢、那是淨的分別見，這樣做也會障礙淨心。我們應該觀心實相，了悟事無本來，也無淨垢，自然能除一切蓋障，這是水心的對治法。

（四十四）火心：

就是急於求成的心理，想在須臾間成就，如同火一樣熾盛炎熱、疾速躁動。有這種心態的人也是一樣，在做善事時，或許在須臾之間便能成就無量功德；然而，在造惡時，也能在很短的時間內造作極重的惡業。

對治這種行為時，應該思惟：猛暴之心多半會自我敗傷，要用柔和慈善之水淹滅熾盛躁動的心；不要爆發力而是要恆力，這樣做善事才會有持久力。

（四十五）泥心：

梵本缺文不釋。阿闍黎言，這是一種趨向無明的心，乃至近在眼前的事實，也不能分辨和記憶。所以律典中說道，這種人就好像泥團，又同淤泥一樣；在泥潭中能使人陷溺其中，很難度過，只有通過橋梁等才能走過去。所以我們只有憑藉善友的力量，才能開發自心，漸漸去除無知，智慧生長。

（四十六）顯色心：

就是隨事而遷，自己不能作主的心理。譬如，採用青黃赤白等顏料染色，如果白色絲線放入其中，便會染上它的顏色；這種人的心也是一樣的，看到別人修行善法，也會跟隨修行；看到別人做壞事，也會跟著做壞事，乃至於無記的行動也是這樣。此心遇見什麼事情都會隨境而遷，自己不能做主。

修行者發覺自己有這種現象時，應當認識到，要專求自證之法，開悟在於自己、不在他人，不為他緣所轉。這是對治此心的方法。

（四十七）板心：

板心就是死板教條，墨守成規，不敢越雷池一步，捨棄其他善法的心理。如同木板漂在水上，只能根據自己的浮力大小運載物品，超過限制則不能勝任，最終會傾覆。

有這種心態的人也是一樣，善於簡擇善法，隨自己的能力大小行事，並說「我一直以來都是這樣做的」，而不知其他善法，乃至修習八關齋戒等，亦即不捨離現在所作善法，但也不修行其他善行；簡言之，便是墨守成規、故步自封。我們要發廣大心，學菩提行，來對治此心。

（四十八）迷心：

就是渾渾噩噩、迷茫散亂；就好像迷路的人，本來是要去東邊的，卻是往西走。這種心的人也是如此，本來要學不淨觀，反而取淨相，自認為現在修的是不淨觀；若修無常、無我時，反而行取常、我相，自以為在修無常、無我。這是由於自心散亂造成的；應當專一心念、仔細審查，做沒有顛倒的觀察，對治迷心。

（四十九）毒藥心：

就是不生善心，也不生惡心，乃至一切心都不能生起；就像有人中毒悶絕，進入死亡狀態，沒有生還的可能。這種人的心也是如此，一切心都不能生起，只是隨順而行，漸入無因無果中，所以叫「無生分法」。修行者如果覺知自己有這種現象時，應該發起大悲眾善，離斷滅空，這是對治此心的甘露妙藥。

（五十）羂索心：

就是不論何處，都被捆住手足、不能解脫的心理狀態；就像被繩索捆綁，乃至手腳關節都不能轉動。這種人的心態也是如此，墮於斷見五縛之中。

所謂「斷見五縛」，即五種惡見，包括身見、邊執見（略稱邊見）、邪見、見取見、戒禁取見。

「身見」：於五取蘊而起有我、有我所之見。

「邊見」：偏至二邊的執見，即認為人死後一切斷滅的斷見，以及或執著有一靈魂不滅的常見。

「邪見」：邪而不正的推論，如否定世間善惡因緣果報等。

「見取見」：取諸見執為最勝，以為其他皆是謬誤。

「戒禁取見」：受持邪戒，如持牛戒、狗戒，或臥灰、斷食等苦行，自以為是清淨生天之因或解脫之道。

這種斷見能束縛修行者，乃至於一切處常被束縛，心不能自拔，這是最嚴重的障礙。察覺有此心時，應該迅速用緣起觀的正慧力解除障蓋。

（五十一）械心：

是端坐靜心而止住不前的思惟狀態，就如同人被枷鎖鎖住，兩腳不能活動，不得前進。這種心的人也是如此，經常喜歡打坐，寂然不動而修定心及觀察法義，並拘束於此狀態中，所以名為械心。

對治這種狀態的方法是，應該於一切時處（不一定要坐著），思惟修習，使靜亂無間。

（五十二）雲心：

就是常觸景生情而產生憂愁的心理。如夏季的三個月中，雨水甚多，所以常困於水災中，觸景生情而產生憂愁的心理；如霪雨季節，見到烏雲時，就為降雨而發愁。修行者覺察到此心生起時，應當發起出離心，離於世間苦樂，隨順法喜，這就是此心的對治方法。

（五十三）田心：

就是喜好修飾自身、孤芳自賞的心理；如同有人擁有良田，經常整治耕種，去除雜草，用各種方法，使良田變得清淨。有田心的人也是一樣，經常整理打扮自己的身體，噴香水、抹粉脂等，使自己變得光鮮亮麗。修行者覺察到自己有此心時，應該改變用功方向，修事其心，以種種物資廣種福田（供養諸佛或布施等），以此資糧成就佛果。

（五十四）鹽心：

就是對所思考的問題反覆思考，如鹽性鹹，不管加到哪裡，都會增加鹽味。這種心態的人也是如此，對所思考的問題再加思考；如憶想欲色的時候，剛生起這種念頭，就反覆推求，這個念頭是因為誰而生起、有何內心活動，觀此心而無有結果，便反覆推求思考此事有何因緣，如是無有窮盡。

修行者發覺自己有此心時，應該把心思用在對教理的理解中，做到對佛陀教法的透徹理解；又，心之本性是離念的，並非憶想揣摩可以弄明白，不須在分別心之上再心上安心。

（五十五）剃刀心：

以為剃除了鬚髮俗相，就已淨除了一切罪業，萬事大吉了。剃除鬚髮是離俗出家相，這種人的心中便作如是想：我已經剃除鬚髮，去除了俗相，使惡法不得再滋生，還有什麼需要追求的呢？

修行者應該明白，這種想法是最糟糕的，這是自我限制；這種想法可能剃除所有善根，令善根不得生長。修行者應該作這樣的想法：一切賢聖僧所應該斷除的，是所謂無明住地、即貪瞋癡三毒之根，而不只是單純的凡夫鬚髮；如果能剃除無明三毒，令妄想不生，這才是真正的出家。

（五十六）彌盧等心：

就是自以為尊貴了不起的心態，就好像須彌山（Sumeru，即彌盧），它的高度超過一切山峰，沒有比它更高的了。這種人的心也是如此，總以為高人一等，甚至對師僧、父母等應該尊敬的人都不以為然。猶如高幢，不可彎曲；如果硬要使其彎下來，必然會折斷，不能改變其高傲之心。應該修忍辱謙卑心，對一切眾生作大師想，來對治此心。

（五十七）海等心：

就是談天之功為己有，天下勝事我所為的心理。譬如海納百川，吞納無限；此心也是如此，認為一切功勞好事都歸於自己，總是以為自己什麼都會，認為其他人沒法和自己相比。

前面的彌盧等心是務高，認為高人一等；海等心則是務廣，認為什麼都要歸於自己，所以說此心跟大海一樣。修行者發覺有此心時，應當思惟三賢十聖的無量大功德海，展轉深廣，自然會認識到自己的心行不及三賢十聖（菩薩階位中，十住、十行、十回向為「三賢」，初地乃至十地為「十聖」）的塵末，藉此了解不應該生起大慢之心。

（五十八）穴等心：

就是先前決定了的事又要改變，反覆無常，不能一貫始終。比如一個完整的器皿，後來由於某些原因稍微碰壞了點口，便丟棄不用、更換新的。此心也是如此，剛開始時多有受持法要，而後稍有穿漏；或初發心受戒時具足無缺，不久漸生漏法，就對已受持的法不加堅持，而另圖新法；這就如同已經有漏洞的器皿，法水不能留存，這種現象就稱為穴心。

修行者應當對所修之法有始有終；行者亦應該要知道心性多變，最能障礙堅固菩提心，這樣才能對治此心。

（五十九）受生心：

就是凡所修行諸事，都想得到回報。如同有人因為所作白黑業，受善惡報，因為所作種種因混雜不同的緣故，眾生得到無量差別身。此心也是如此，凡所修行諸事，都要迴向今生來世的果報；但是，修行者應該要明白果報也包含善惡。

所以，修行者要辨別善惡，除去不善，純修善法（白法）；於此善中又用智慧，再次除去粗礦。如果能按照這樣的順序精進，才可能成就純一清淨醍醐妙果，這就是受生心的對治法。

（六十）猿猴心：

梵本此處缺失。阿闍黎云，猿猴的心性，身心散亂，不能安住。有此心的修行者也是如此，其心性躁動、不能安住，所以多攀外緣，就好像猿猴一樣，放一捉二。

普遍來說，眾生都是如此，在此只是舉猿猴心偏盛的例子。應該以不隨動散之想，繫心一處，這就是猿猴心的對治方法。亦即猶如猿猴，把牠拴在柱子上，牠就不能到處跳動，這就是對治之法。

以上這些六十心，都是由於我執所生起的分別妄心；修行者瞭解十住心中之「唯蘊無我心」時，即可斷除這些世間的六十心種妄心，遠離我執顛倒所生之三毒，這也叫做「越三妄執」。

在佛教所說的一切煩惱迷執中，這六十心相當於小乘聲聞所斷除之「見惑」。修行者如果能於一切時中留心覺察並且斷除這些妄心，就能自然得順淨菩提心。

超越三劫瑜祇行與「六無畏」

《經》「祕密主！一二三四五再數，凡百六十心，越世間三妄執，出世間心生。（中略）是故智者當思惟此一切智信解地，復越一劫升住此地，此四分之一度於信解。」

這一部分的內容，實際上就是前面曾提及之「一生成佛」的內容，所以此處只略說一二。這段經文可以分為兩部分——

第一部分說百六十心，經文「祕密主，一二三四五再數，凡百六十心」等是。二、說超越三劫瑜祇行，經文自「越世間三妄執，出世間心生」至「此四分之一度於信解」是。

經中「一二三四五」既為貪瞋癡慢疑，這五見重複滋生則成百六十心。這裡不再解說（貪瞋癡慢疑）五見者，是因為前面已說六十心，這五見屬見惑煩惱，也包含在六十心當中。此處再次提出，只是表示無明心隨著外境的變化而產生各種心態的演化，即成阿僧祇（無量）妄執也。

三妄執，又作三劫妄執、三劫惑，指的是：從生起出離世間之心，至成就佛果位期間，所須超越之世間粗、細、極細三種煩惱。一行《疏》云，若以淨菩提心為出離世間之心，則超越世間三妄執，係指超越三劫的瑜祇之行；若依一般的解釋，則指歷三阿僧祇劫以至成就正覺。

《疏》以斷三妄執釋三劫之文，不依時分，最為本宗要義。超一劫瑜祇之行，與小乘見道適齊，然不墮二乘（聲聞、緣覺）地；超二劫瑜祇之行，猶是對治心外之垢，尚未開此中祕密種種不思議事也；超三劫入信解行地，即是一切智信解地也。

惟佛名「究竟一切智地」，前面三句義中（菩提心為因、大悲為根，方便為究竟）為三心，再加上佛地的「上上方便心」（此上上方便心名究竟一切智地），一共四心，此四心都得度於信解，故曰「此四分之一度於信解」。這也是再次強調「信解行證」中信解的重要性。

《經》云「祕密主，一二三四五再數，凡百六十心，越世間三妄執，出世間心生」者，由有無明故，生五根本煩惱心，謂貪瞋癡慢疑。此五根本煩惱初再數為十，第二再數成二十，第三再數成四十，第四再數成八十，第五再數成一百六十心，故云「一二三四五再數」成百六十心也。

何以「再數」？以眾生煩惱心常依二法（即空有兩邊），不得中道，故隨事異名，輒分為二。就此二中復更展轉細分之，其名相俱如十萬偈中說，若更加上上中下九品等區別，乃至成八萬塵勞，廣則無量，總由一無明心隨事離分，即成阿僧祇妄執也。

「越世間三妄執，出世間心生」者，妄執有三種：一種謂六根、六塵（境）與六識界；又謂業煩惱與株機及無明種子之三；又謂百六十心等之一重粗妄執、一重細妄執、一重極細妄執凡有三也。

「越世間三妄執」，即是超越三劫瑜祇行。梵云「劫波」（kalpa），有二義：一者時分，二者妄執。超一劫瑜祇行，即是度百六十心等之一重粗妄執，或稱為度一阿僧祇劫；超二劫瑜祇行，又度百六十心等之一重細妄執，或稱為度二阿僧祇劫；真言行者復越一劫，更度百六十心等之極細妄執，得至佛慧初心，故曰三阿僧祇劫成佛也。

常途多依時分義說度三阿僧祇劫得成正覺；今依妄執義說，若一生度此三妄執，即一生成佛。

六無畏

《經》爾時執金剛祕密主白佛言：「世尊！願救世者演說心相，菩薩有幾種得無畏處？」

如是說已，摩訶毘盧遮那世尊告金剛手言：「諦聽，極善思念。祕密主！彼愚童凡夫修諸善業、害不善業，當得善無畏。若如實知我，當得身無畏。若於取蘊所集我身捨自色像觀，當得無我無畏。若害蘊住法攀緣，當得法無畏。若害法住無緣，當得法無我無畏。若復一切蘊界處、能執所執、我壽命等及法無緣空、自性無性，此空智生，當得一切法自性平等無畏。」

一行《疏》云，這是對前面心相句的回答。以金剛手既聞此教諸菩薩，直乘真言門上菩薩地，故問世尊「此菩薩行道時有幾種得無畏處？」佛還復約前三劫作高低差別對比。梵音「阿濕嚩娑」，正譯當言「蘇息」；如有人被強力者所劫持，被扼住喉嚨、不能呼吸，將垂死斷氣之時，突然得以釋放，還復得蘇。眾生也是如此，被妄想業煩惱所纏，觸緣皆閉，至此六處如得再生，故名蘇息處；亦如度險惡道時，其心泰然、無所畏懼，故名無畏處也。

約前三劫即六無畏對應三劫——

一「善無畏」，二「身無畏」，三「無我無畏」，四「法無畏」，這四種無畏對應初劫；

五「法無我無畏」，對應第二劫；

六「一切法自性平等無畏」，對應第三劫。

以下簡單說明這六種無畏。

（一）善無畏：

如果有情眾生修行諸如不殺生、不偷不盜、不邪淫、不說謊話假話，不搬弄是非、挑撥離間，不惡語傷人，不花言巧語、文過其實，遠離貪瞋癡等十善業道，並以此來制止消除不善業道，就能在善惡是非上解脫，得到善無畏。

（二）身無畏：

如果能正確地認識人身是由「三十六物」積集而成的，五種不淨惡露充滿其中，就不會貪愛己身，於己身解脫，得身無畏。

「三十六物」包括：（一）外相十二：髮、毛、爪、齒、眵、淚、涎、唾、屎、溺、垢、汗。（二）身器十二：皮、膚、血、肉、筋、脈、骨、髓、肪、膏、腦、膜。（三）內含十二：肝、膽、腸、胃、脾、腎、心、肺、生藏、藏、赤痰、白痰。「五種不淨惡露」則是指：種子不淨、住處不淨、當體不淨、外相不淨、究竟不淨。

（三）**無我無畏**：

如果能認識諸蘊集合而成的我身中，無有靈魂、真我、支配者等，如同樹一樣，樹已不存，樹影何來？廣而言之，萬物都是由不同的因素結合而成，其中都沒有真我之類的超存在物。如此就能在真我、鬼神諸方面解脫，得無我無畏。

（四）**法無畏**：

如果進一步認識組成事物的那些因素，也是由別的因素聚合而成的，那些別的因素又有別的因素聚合而成，其本身也沒有固定不變的性質，這樣就能於一切事物和現象上解脫，得法無畏。

（五）法無我無畏：

如果認識一切事物和現象都沒有自性，除了心之外什麼都沒有，任何事物都不是實在的；三界唯心，心外更無一法，這樣就能在一切事物和現象的實在性上解脫，得到法無我無畏。

（六）一切法自性平等無畏：

如果認識到自心也是空無所有、沒有實在性，如同一切事物和現象、認識事物的感覺器官、被感官攝取的客觀外境，以及二者相互作用產生的認識，並且由此推論出來的各種觀點看法等，都是一樣的性質。所謂自性亦無性，如此在實在的自心上也可解脫，得到一切法自性平等無畏。

以上的六種無畏，是一般人的認知進步過程；修行真言法門者，則可以直接透過深入觀察十緣生句，而以真言教法通達自心。以下便說明十緣生句。

深修觀察「十緣生句」

《經》「祕密主！若真言門修菩薩行諸菩薩，深修觀察十緣生句，當於真言行通達作證。云何為十？謂如幻、陽焰、夢、影、乾闥婆城、響、水月、浮泡、虛空華、旋火輪。（中略）祕密主，應如是了知大乘句、心句、無等等句、必定句、正等覺句、漸次大乘生句，當得具足法財、出生種種工巧大智，如實遍知一切心想。」

這是對前面問如何修行的回答。萬行方便，無不藉觀此「十緣生句」淨除心垢，而得成就。是故當知最為旨要，真言行者應多予留意與甚深思惟。

此十緣生句，即經中所述由緣所生的十種現象，所謂如「幻、陽焰、夢、影、乾闥婆城、響、水月、浮泡、虛空華、旋火輪」。真言行者依此十句，觀諸法無自性，則稱十緣生句觀、十緣生觀、十喻觀。又經云「遍知心想（相）」者，就是以十喻之義，觀一切眾生之心相，皆得證知自心實相，所以經中此處說明十緣生句。

統論十緣生句，略有三種：

一者以心沒（深陷）蘊中，欲對治實法，故觀此十緣生句，即空之幻也；

二者以心沒法中，欲對治境界攀緣，故觀此十緣生句，如前所說蘊阿賴耶，即心之幻也；

三者以心沒心實際（真實際極）中，欲離有為無為界，故觀此十緣生句，如前所說，解脫一切業煩惱而業煩惱具依，即不思議之幻也。

《摩訶般若》中十喻，也包含這三種含義。這裡所說的「深修觀察」者，即是意明第三重。且如行者於瑜伽中，以自心為感、佛心為應，感應因緣，即時毘盧遮那現所喜見身、說所宜聞法。然而，我心亦畢竟淨、佛心亦畢竟淨；如果以我心為自，即佛心為他，這個境界是從自生耶？他生耶？共生？無因生耶？

以《中論》種種門觀之，則可了知生不可得，而形聲宛然，即是法界。論幻即幻、論法界即法界、論遍一切處即遍一切處，論幻故名「不可思議幻」也。復次言「深修」者，謂得淨心已去，從大悲生根，乃至方便究竟，其間一一緣起皆當以十喻觀之；亦即，真言行者從初修到究竟期間，所有緣起幻象，皆用十緣生句觀來對治。

以下簡單介紹這十種喻：

幻：

如讓人使用咒術、藥力等會產生升空、隱形、水上行走、蹈火等不可思議的事情以及種種幻象；雖然一一推求沒有實在性，但從我們的感官上，能感覺到現象的存在。

雖然世間幻象展轉相生，往來十方，變化多端，但亦非去、非不去。為什麼呢？因為它本身就是如此，其本性即是清淨，自己親自證知才能認識到。真言門持誦修行，依三密方便而行，也能得一切不可思議世間幻象成就；但是，通過推求可以明白，這些世間幻象都是無所得的。

陽焰：

就是太陽光照射在地上形成的熱浪，其像波濤洶湧的大海一般，但到近處一看，什麼也沒有。這種東西本來就不存在，是世人自己看到的假象，並依此產生談論的名相而已。真言行者在瑜伽中見到的種種殊勝境界，包括所見十方諸佛海會，也都是如此，僅是名言概念上的假名，是一種虛妄的分別。

夢：

如夢中自見種種異類受各種苦樂，經歷千百歲；夢醒來之後才知一無所有，夢中的一切都是在一瞬間產生。真言行者的瑜伽之夢也是如此，出現類此情況，不能起執著之心。

影：

如鏡子中照出來的影像，並不是鏡子所作，如面不照鏡就影像不現；也不是人面所作，因為沒有鏡子，面現不出來。影像不是本來自然就有，因為沒有鏡、沒有面、沒有執鏡者，就沒有影像，所以非無緣而生；如果沒有因緣，應該常有或者常無。由此可知，影像是非有非無的。一切事物都是如此，真言行者所成就之悉地也是非有非無的。

乾闥婆城：

乾闥婆城，梵語 Gandharva，又作揵闥婆城、揵闥縛城、巘達嚩城，意為尋香城、蜃氣樓。樂人名為乾闥婆，能幻作樓閣以使人觀，故名之為乾闥婆城，類似於現代所說的海市蜃樓。

亦即，世間如海市蜃樓，遠望去樓閣亭臺、人物車馬，燦然可觀；然而，只能眼見，而無實有。真言行者也同樣，對於密嚴佛國、十方淨土、修羅天官等悉地宮，不能妄生貪著，求其實事。

響：

如在深山峽谷中、空曠大屋裡，發出聲音，就有迴響；此響聲因以聲轉聲而有，不是由誰來發出的；愚癡之人不懂此中道理，執著為實有，以為有東西發出的。

真言行者如在瑜伽中聞到種種音聲，包括諸佛聖者現前以無量法音而教授，也要以響喻觀察，認識到此諸境界都是從三密眾緣而有，是事非生非滅，非有非無，這樣就不致墜入戲論之中，自然得到音聲智慧。

水月：

如明月照在平靜的水面上，映現出月亮的影像，分分明明，與懸掛在虛空中的月亮毫無差別；若用棍子攪亂，水面失去平靜，月影便不再映現。

真言行者觀察事物亦如此。佛心月輪照於眾生靜水心中，空月水月，佛心自心，毫無分別；而水有不平，心有障礙，則月影不現，心佛不生。又如千江萬水，月亦不去，水亦不來；一月當空，則普映眾水。觀察心佛亦如此，眾生心亦不來，佛心亦不去；而以智慧杖攪之，自心佛心無有實處。

浮泡：

觀察雨水中的浮泡，泡起即是水起，泡滅即是水滅；心之變化也一樣，佛心眾生心，種種變化不同，均不離自心。真言行者在瑜伽中見到的種種不思議變化境界，心生則有，心滅便滅，終不離自心，生時無所來，滅時無所至。

虛空華：

如空中本無男女房舍，園林花果；因為心情迷亂，而妄見種種人物形象。

旋火輪：

空中旋轉的火燼，有輪像出現，而實無輪像在空中，乃是旋轉而產生。在真言瑜伽中隨心所運，成就自在，亦是方便技巧使然。

毗盧遮那即以十緣生句不思議法界，作無盡莊嚴藏，從十世界微塵數諸法界門，常出生根、力、覺、道、禪定、解脫諸寶，遍施眾生，猶尚不匱，故曰「具足法財」。一切如來智業，由此具足，故曰「出生種種工巧大智」。若於一念心中，明見十緣生義，則上窺無盡法界，下極無盡生界，其中一切心相，皆能了了覺知，以皆從緣起，即空、即假、即中故，故曰「如實遍知一切心想」。

《大日經．入真言門住心品》至此簡略說明告一段落。本品總括《大日經》全體教相，知此品大意，則自然明了本經乃至唐密之教相。

附錄

390

一行阿闍梨年譜（西元六八三至七二七年）

歲數 — 西元 — 唐朝年號

一歲 六八三 高宗 弘道元年，癸未

一行俗姓張、名遂，為張公謹曾孫，祖籍為魏州昌樂（繁水），後遷至鉅鹿。

八歲 六九〇 則天 天授元年，庚寅

武則天登位，打壓李唐宗室原有勢力，抑制士族，扶持庶族勢力。張公謹之家為李世民開國功臣，疑在此時遭受打壓，家道中落。在幼年時期經歷這一家難，對一行往後產生極大影響。

二十一歲 七〇三 則天 長安三年，癸卯

父母相繼去世。一行「豁然厭世，抱方外之心」，在弘景律師門下剃度出家。

二十三歲 七〇五 神龍元年，乙巳

受具足戒。後廣學經論，智儼深覺法門繁曠，不知應以何經作為終身依歸；遂於經藏前，禮而立誓，簽中《華嚴》而歸宗之，並依地論學派智正研習《華嚴》。

一年後，閱及慧光《華嚴經疏》，智儼略悟「別教一乘無盡緣起」，初啟華嚴圓頓思想的新方向。

二十八歲

七一〇　睿宗　景雲元年，庚戌

唐睿宗第二次即位，為重振朝綱而徵召一行；一行假裝生病，不予應召。這件事也促使一行決定離開嵩山，拜別了師父普寂，展開遊方參學的旅程。第一站他來到了當年出家的荊州當陽山。到當陽後，去南庵子拜見了剃度恩師弘景律師的傳法弟子惠真法師，在其門下學習律藏。

在這期間，一行又曾經到天台山求學。這期間一行的求學路線為：嵩山——荊州——（疑途經杭州）——天台山——荊州——長安。

三十四歲　七一六　玄宗　開元四年，丙辰
是年，受唐玄宗所請，一行自荊州當陽至長安。

三十五歲　七一七　開元五年，丁巳
玄宗命善無畏於西明寺菩提院譯經，善無畏向玄宗奏請多名僧參與翻譯。朝廷批准後，善無畏及一行等人，開始翻譯《虛空藏求聞持法》一卷本。

三十八歲　七二〇　開元八年，庚申
是年，南印度人金剛智來我國傳授密藏，一行受之。

三十九歲　七二一　開元九年，辛酉
一行奉詔改造新曆。先與梁令瓚共造黃道遊儀。

四十歲　七二二　開元十年，壬戌
永穆公主出嫁，玄宗命令有司籌辦盛大婚禮，一行以為不可而進諫；玄宗接受一行的意見，永穆公主還是以普通公主婚禮規格出嫁。
權梁山在東都起義，入宮城；一行剛好和玄宗同行，立刻施展密法，捉拿眾叛亂兵將，問罪於前。

一行有《梵天火羅九曜》一卷、《北斗七星護摩法》一卷、《宿曜儀軌》一卷等書，係受密教後所著，約亦撰於此時。

四十一歲

七二三　開元十一年，癸亥

一行祈請金剛智譯經，在長安資聖寺參與輔助譯出《陀羅尼經》等卷。一行奉敕撰《釋氏系錄》一卷。

金屬材質的黃道遊儀製作完成。一行又建議改進靈臺鐵儀。

四十二歲

七二四　開元十二年，甲子

七月大旱，一行嘗為之祈雨。

善無畏與一行譯《大毘盧遮那經》，沙門寶月譯語、善無畏誦讀、一行筆受。

是年及次年，分遣使諸州，測日晷長。

四十三歲

七二五　開元十三年，乙丑

開始編算《大衍曆》。

十月，渾天銅儀打造完成。

四十四歲　七二六　開元十四年，丙寅

一行承制旨考定《大衍曆》。去歲開始編算，陸續制定，並非在本年全部完成。

四十五歲　七二七　開元十五年，丁卯

十月八日，圓寂於新豐。玄宗賜謚「大慧禪師」。

參考資料

古籍資料

善無畏、一行譯，《大毘盧遮那成佛神變加持經》，大正藏第十八冊。

一行記，《大毘盧遮那成佛經疏》，大正藏第三十九冊。

一行撰，《北斗七星護摩法》，大正藏第二十一冊。

一行撰，《七曜星辰別行法》，大正藏第二十一冊。

一行禪師修述，《梵天火羅九曜》，大正藏第二十一冊。

不空譯，《佛母大孔雀明王經》，大正藏第十九冊。

義淨三藏記，《白寶口抄》，大正藏，圖像部六。

贊寧，《宋高僧傳》，大正藏第五十冊。

志磐，《佛祖統紀》，大正藏第四十九冊。

空海，《御請來目錄》，大正藏第五十五冊。

海雲，《兩部大法相承師資付法記》，大正藏第五十一冊。
最澄，《內證佛法相承血脈譜》，傳教大師全集，日本比叡山圖書刊行所。
劉昫等，《舊唐書》，北京中華書局。
宋祁、歐陽修等，《新唐書》，北京中華書局。
段成式，《酉陽雜俎》，浙江古籍出版社。

現代專著

周一良，《唐代密宗》，上海遠東出版社。
楊榮垓、楊效雷編著，《一位身披袈裟的科學家：僧一行的故事》，吉林科學技術出版社，電子版。
呂建福，《中國密教史》（修訂版），中國社會科學出版社。
鄭炳林、鄭怡楠輯釋，《敦煌碑銘贊輯釋》，上海古籍出版社。

顧淨緣、吳信如編著，《密乘一品一論講略》，民族出版社。
李迪，《唐代天文學家張遂》，上海人民出版社。
古川日出男，《平家物語》，東京河出書房新社。

論文期刊

湯宇帆，《一行禪密圓融思想研究》，西北大學碩士論文。
吳慧，《僧一行研究——盛唐的天文、佛教與政治》，上海交通大學博士論文。
吳慧，〈僧一行生平再研究〉，圓光佛學學報，第十四期。
顧乃武、周楠，〈論唐代僧一行與張公謹的宗族關係〉，廊坊師範學院學報。
嚴敦傑，〈一行禪師年譜〉，自然科學史研究。

梁宗巨，〈僧一行發起的子午線實測〉，科學史集刊，北京科學出版社。
陳玲，〈一行大地測量史實新探〉，自然辯證法通訊第二十八卷，總一六六期。
長部和雄，〈一行禪師の研究〉，神戶商社大學經濟研究所。

其他

維基百科
百度百科

國家圖書館出版品預行編目（CIP）資料

一行阿闍梨：偉大天文學家／釋隆明編撰 — 初版
臺北市：經典雜誌，慈濟傳播人文志業基金會，2023.12
400 面；15×21 公分 —（高僧傳）
ISBN 978-626-7205-73-0（精裝）
1.CST:（唐）一行阿闍梨 2.CST: 佛教傳記
229.34　　112020112

一行阿闍梨——偉大天文學家

創 辦 人／釋證嚴

編 撰 者／釋隆明
主編暨責任編輯／賴志銘
行政編輯／涂慶鐘
美術指導／邱宇陞
插圖繪者／徐淑貞
美術編輯／劉邦志
校對志工／林旭初

發 行 人／王端正
合心精進長／姚仁祿
傳 播 長／王志宏

出 版 者／經典雜誌
慈濟傳播人文志業基金會
112019臺北市北投區立德路2號
客服專線／（02）28989991
傳真專線／（02）28989993
劃撥帳號／19924552　戶名／經典雜誌
印　　製／新豪華製版印刷股份有限公司
經 銷 商／聯合發行股份有限公司
231028新北市新店區寶橋路235巷6弄6號2樓
（02）29178022
出版日期／2023年12月初版一刷
定　　價／新臺幣380元